온갖 무례와
오지랖을 뒤로하고
페미니스트로
살아가기

온갖 무례와 오지랖을 뒤로하고 페미니스트로 살아가기

화사 외 41인 지음
한국여성민우회 엮음

궁리
KungRee

추천의 글

○

"긴 시간 동안 여성주의 활동가로 살아온 이부터 이제 막 페미니즘에 발을 들여놓은 이까지, 한국 사회의 '온갖 무례와 오지랖을 뒤로하고' 앞으로 가려는 페미니스트들의 일상이 조각보처럼 모였다. 몸, 주거, 결혼, 섹스, 폭력 등 다양한 주제를 둘러싼 서로 다른 경험과 고민, 그러나 결국 맞닿아 있는 이들의 이야기는 한 필자의 말처럼 '우주의 먼지처럼 짧고 유한한 삶들이 얽히고 이어져 이루는' 여성주의의 역사다."

– 최지은, 『괜찮지 않습니다』 저자

"나는 그저 내가 생각하고 느낀 것들을 얘기한 것뿐이었는데 어느 날부터 사람들이 나를 페미니스트라고 부르기 시작했다. 그때 나는 페미니즘이 내 일기장 속에, 내 삶 속에, 이토록 평범한 우리의 삶 속에 있다는 것을 알았다. 당신의 이야기이자 나의 이야기인 이 글들이 멀리 퍼지기를 바란다." **– 서늘한여름밤, 『어차피 내 마음입니다』 저자**

"페미니즘 이론서를 읽는 것보다 실생활에서 페미니즘을 실천하는 것이 백 배 정도는 어렵다. 주위에 유난스럽고 부담스러운 사람으로 보일 염려와 스스로가 송곳이 되어야 하는 부담감, 그리고 내게 과연 페미니즘을 말할 자격이 있을까 하는 자기검열, 이런 것들이 우리를 움츠러들게 만든다. 하지만 이 책 속에 수많은 용감한 자매들이 있다. 혼자는 외롭지만 함께라면 그렇지 않다. 이 책이 소중한 이유다."

– 오지은, 뮤지션, 『익숙한 새벽 세시』 저자

"최근의 페미니즘 열풍이 삶 속에 침전되어 있던 문제들이 터져나온 것일 뿐, 새로운 문제가 아니라는 것을 증명이라도 하듯 육아, 결혼, 이별, 가족, 명절, 직장생활, 종교, 병원, 장례식 등 태어나서 죽을 때까지의 거의 모든 일상을 다룬 책! 읽기 좋게 쓰인 짧은 에세이들 곳곳에서 페미니즘의 주요 이론적 성찰들이 쉴 새 없이 교차한다."

– 홍성수, 숙명여대 법학부 교수

서문

○

\ 1

젖꼭지는 보이면 안 돼? 젖꼭지는 핑크색이어야 한다고? 지긋지긋한 젖꼭지 참견에 한마디 하고 싶어 피켓을 들고 시위에 나갔습니다. 그 옆을 지나가던 한 남성, "꼴페미들이네!"

한국의 성별임금격차 100:64, 하루 노동 시간을 8시간으로 계산해보면 오후 3시부터 여성들은 무급으로 일하는 셈입니다. 이런 상황이 부당하다는 얘기를 SNS에 올리자 어김없이 "여자는 능력 없고 일을 적게 해서 돈을 덜 받는 것"이라는 댓글이 달립니다.

화장하지 않는 것은 예의 없는 것으로, 아이를 낳지 않는 것은 여자들의 이기심으로, 차별에 문제제기하는 것은 까칠하고 예민한 사람의 이야기로 취급됩니다.

\ 2

왜 일하는데 치마를 입으래?

산부인과 갔더니 왜 아무 설명 없이 다짜고짜 성경험부터 묻지?

늙고 아프면 믿을 것은 가족밖에 없으니까 결혼하라고?

애 키우기는 왜 아직도 엄마 혼자만의 일인 거지?

얼굴로 일하는 것도 아닌데 이력서에 왜 사진을 꼭 붙여야 돼?

선풍기 보관할 공간 하나 없는 집, 언제까지 1인 가구에게는 너무나 비좁은 임대주택만 제공되어야 하는 걸까?

여학생에게 유독 '단정한 몸가짐'을 강요하는 학교를 바꿀 수 없을까?

내 삶이, 나 자신의 통제권 밖으로 이탈하려 할 때의 두려움과 고통을 왜 오롯이 혼자 느껴야 하는 걸까?

변화의 시작은 언제나 누군가의 의아함, 질문, 목소리입니다. 그 앞을 막는 어떤 무례와 오지랖에도 질문은 계속되어야 합니다.

\3

페미니스트가 되고, 페미니스트들과 함께 싸우고, 곧 세상이 변할 것이라는 희망에 차 있다가도, 나를 둘러싼 상황을 돌아보곤 한숨 쉬게 되는 것. 페미니스트로 살아간다는 것은 늘 이런 일의 반복입니다. '차라리 페미니즘을 몰랐다면'이라는 가정을 괜히 해보기도 하지만, 되돌아갈 수는 없다는 것을 알고 있습니다.

그렇다면 '페미니스트로 살아가기'라는 이 지난한 미션을 어떻게 수행해나갈 수 있을까요? 우리는 아마도 각자의 공간에서, 각자의 위치에서 페미니즘을 고민하고 실천하는 여성들의 존재와 그 이야기에서 힘을 얻을 수 있을 것입니다. 나와 같은 생각을 가지고 있는 어떤 사람이 어딘가에서 늘 일상 속의 성차별에 맞서서 싸우고 있다는 것, 그렇게 우리는 연결되어 있다는 믿음이 우리를 또 살아가도록 합니다.

이 책은 2007년부터 2016년까지 10년 간 한국여성민우회의 소식지 《함께가는 여성》과 홈페이지에 실렸던 페미니스트들의 글을 선별하고 보완하여 엮었습니다. 제모, 패션, 건강 등 몸과 관련된 이야기, 함께 혹은 홀로 사는 삶에 관한 이야기, 결혼과 육아에 대한 고민, 그리고 직장, 교회, 장례식 등 일상 곳곳에서 겪었던 다툼과 갈등 등 페미니스트라면 한 번쯤 직면했을 경험에 대한 솔직한 글입니다. 변하지 않는 것 같은 세상에서, 돌이킬 수 없이 변한 자신을 지키며 삶의 어느 한 구석에 작지만 분명한 변화를 만들어가는 페미니스트들이 생생히 존재한다는 기록입니다.

처음 페미니즘을 접했을 때, 페미니스트로 살아간다는 것이 무엇인지 고민될 때, 페미니스트로 살아가는 것이 지칠 때, 이 책이 읽히길 바랍니다. 이 책을 통해 고민을 나누고, 경험을 공유하고, 싸워나갈 길을 여는 힘을 얻기를 바라봅니다. 그리고 이 책을 읽은 이들이 다시 페미니스트로서 살아가는 자신의 일상을 기록하고, 그 일인칭 기록이 또 다른 페미니스트들의 삶으로 겹쳐지고 연결되기를 기대합니다.

2017년 9월

한국여성민우회

차례

추천의 글 4

서문 7

◦ 내 몸의 기억과 감각을 만나는 시간 15

◦ 여장놀이를 추억하며, 젠더의 경계를 생각하다 21

◦ 일시장애 28

◦ 여름날의 커리어 우먼 코스프레 33

◦ 견적내기프로젝트 성형OTL 38

◦ 난 개구리가 아니다 43

◦ 왜, 지금, 누구를 위한 피임약 재분류인가? 47

◦ 헤움의 머리 기르기 52

\ 누구로 기억할 것인가, 누구와 기억할 것인가 \ 58

◦ 우리는 매일 아침 능(陵)에서 눈을 뜬다 63

◦ 엄마 아빠, 다 거짓말이야 70

◦ '오빠'가 뭐길래? 75

◦ 경계 밖과 안의 그들 79

◦ 교회, 침묵을 말하다 86

◦ 얼굴 없는 (성)폭력 91
◦ 운이 좋아 살아남은 나는, 인간입니다 100
◦ 혼자 사는 여자 104

\ 정색해도 괜찮아 \ 111

◦ 따로 또 같이 살기 114
◦ 나는 왜 결혼했을까? 화성인의 지구생활기 119
◦ 엄마노릇과 내 삶의 중간성적표 125
◦ 나는 매일 시험 보는 기분으로 산다 133
◦ 결혼합니다, 위로해주세요! 138
◦ 이별이라는 벤치 143
◦ 함께 살기 15년, 공생의 조건 148
◦ 아들에게 집안일 시키기 154
◦ 여자, 명절과 춤추다 159
◦ 내 안의 지킬 박사와 하이드 씨에게 평화를 166
◦ 남자 셰프 말고, 엄마의 쿡방은 안 되겠니? 173

\ 여성에게 여행이 필요한 이유 \ 179

◦ 나쁜 배려, 누군가를 배제하는 것이 배려일까? 184
◦ '동기'도 아닌, 그렇다고 '여자'도 아닌 189
◦ 여자라서 안 된다고? 해내겠어, 바꿔놓겠어 194
◦ 직장인 건강검진 체험기 199
◦ 페미니스트 의사가 되겠다던 야심찬 결심 204

◦ 회사에서 커밍아웃하기 210
◦ 여자의 적이 이제 그만 여자였으면 좋겠다 215
◦ 비록 사람이 한 개 섬이라고는 하지만 220
◦ 난 어쩌다 페미니스트가 되었을까? 225
◦ 점이 아닌 선, 에피소드가 아닌 역사 230
◦ 소통은 가능하다는 희망 238
◦ 하늘로 가는 길에도 남녀가 따로 있더라 243
◦ 그냥 이렇게 살아 있는 그대로 248

\ 페미니스트 & 고수가 알려주는 싸움의 꿀팁 \ 253

◦ 페미니스트로 살아가기 위해
나는 무엇을 할 것인가 · 선언문 259

○

내 몸의 기억과 감각을 만나는 시간

햇빛이 세고 바람 하나 없는 여름 낮. 하고 싶은 일은 없는데, 할 일은 많고 공기는 습해서 숨이 점점 막힌다고 느낄 때. 내가 알고 있는, 기분을 좋게 하는 가장 확실한 방법은 등목이다. 나는 등을 까고 무방비 상태로 엎드려 차가운 물을 기다리면서도 그것이 어느 순간에 닥칠지 모르기 때문에 아슬아슬해진다. 혼자 타는 그네보다 누가 밀어주는 그네가 더 신나듯이, 그 아슬아슬함이 푹 익은 피부에 물이 끼얹어지는 순간을 더욱 시원하게 한다. 꺄!

하지만 방법을 알고 있으면 뭐하나. 사무실의 공동 화장실에서, 공원이나 학교의 수돗가에서 나는 등목을 할 수가 없다. 시원한 물 한 바가지면 순식간에 얻을 수 있는 생명력을 공공장소에서는 실현할 수 없다. 그러니, 땀을 뻘뻘 흘리며 웃통을 벗고 공원의 농구 코트를 뛰어 다니다가 수돗가로 몰려가 콸콸 쏟아지는 물을 몸에 끼얹는 남자들을 질투어린 시선으로 쳐다보게 될 때면 생각한다. '누가, 내 기쁨을 빼앗는/포기하게 하는 거지?'

내가 공공장소에서 등목을 할 수 없는 이유 중 가장 결정적인 것은 내가 생물학적인 '여자'라는 사실, 즉, 어깨 아래에 작고 귀여운 유방을 가진 사람이라는 사실이다. 대체 내 유방이 뭘 어쨌기에 문제인 것일까. 공공장소에서 어떤 여자가 등목을 하겠다고 윗도리를 벗는다면 어떤 일이 일어나는 걸까. "미쳤군"부터 시작해서, 움찔하고 돌아서는 사람, 달려와서 옷을 덮어줄 사람, 미풍양속을 들고 나설 보수주의자와, 유후~ 하며 휘파람을 불어댈 간 큰 마초와, 자신을 성적으로 불편하게 했으니 환경형 성폭력이라고 주장하는 똑똑한 남학생까지 골고루 목격할 수 있을 것 같다. 그러나 등목 하는 여자가 뭔가 이상하게 느껴지는 이들의 심정, 그리고 애초에 공공장소에서 등목을 하지 않는 나의 심정에 이미 전제되어 있는 것은 여성의 상체는 성적 공간이라는 사회적 합의이다.

그렇다면, 여성의 상체가 성적 공간인 이유는 또 대체 뭘까. 여성의 벗은 상체는 생리적으로 당연히, 성욕을 불러일으키기 때문인가? 하지만 등목 하는 여자를 목격할 남성 일반의 일차적인 반응은 '야하다'라기보다 '당황스러움'에 더 가까울 것이다. 그 당황스러움은 여성의 상체가 성욕을 불러일으키기 때문에 생기는 것이 아니라, 성욕을 불러일으킬 것이라고 믿고 있기 때문에 생긴다. 여성의 상체가 성욕을 불러일으킨다는 신화가 등목의 생명력을 추구하는 여성의 상체를 성욕을 불러일으키는 대상으로만, 성적 공간이라는 하나의 용도로만 한정지었다. 그리고 성적인 것은 곧 금기이므로 여성의 상체는 봉인된다.

자유를 추구하는 여성이라면 당연히 사회적 시선의 금기를 넘어 등목쯤은 해야 한다고 주장하거나, 등목 하는 여성을 관음증의 대상으로 삼아 "유후~" 하고 휘파람을 부는 마초에게 면죄부를 주자는 이야기를 하고 싶은 것은 아니다.

중요한 것은 등목을 하거나 하지 않는 것이 빛나는 등을 가진 여성들 각자의 선택으로 이루어지는 일이 아니라는 것. 사회문화적으로 즉, 암묵적으로 하나의 선택이 금지되어 있다는 것이고, 그 금지 덕분에 여성의 몸은 더욱더 성적인 공간으로만 한정된다는 점이다. 그렇다면 성적인 공간으로 한정된 여성의 몸은 성적 경험 안에서는 그나마 자유로운가?

한 여자가 이렇게 말한다. "중학교에 다닐 때, 나는 길 가다가 동네 남자애들만 마주치면 이상하게 몸이 굳어졌어. 긴장했던 거지. 그 애가 너무 멋졌기 때문이냐고? 아니, 여드름 빽빽한 빡빡머리 꼬마라도 또래의 남자아이이기만 하면 내 몸은 그렇게 되곤 했다니까."

또 한 여자는 이렇게 말한다. "나는 전 애인을 좋아했지만, 성적인 암시가 있는 스킨십에 대해서만은 그 애가 싫었어. 그런 느낌이 들면 피하고 싶어졌지. 전 애인은 내 몸의 반응을 미숙함으로 받아들이고 이런저런 시도들을 했는데, 나는 그때마다 꿀 먹은 벙어리가 됐어. 우리 사이는 당연히 멀어졌지. 난 관계 속에서 내가 무기력해지는 것이 싫었으니까. 축축한 느낌, 적나라한 느낌들이 나는 여전히 싫어. 잘 말라 있는 것들이 좋아."

여성의 몸은 성적인 공간으로 과잉의미화되어 있을 뿐만 아니라, 그 의미화의 내용은 대부분 성적인 대상이 되는 것이다. 시선의 대상, 성적 행위의 대상, 침해의 대상으로 자기 몸을 느끼는 순간들, 많은 여자들이 그 순간을 언어화하지 않은 몸 기억으로 가지고 있다. 드러나지 않았기 때문에 그 기억들은 알 수 없는 것이 되어 몸을 조금씩 위축시킨다.* 그러나 기억을 더듬어보면 우리 몸은 자유와 온전한 기쁨들 역시 간직하고 있다. 운동장 한 바퀴를 뛰고 헐떡이는 자신의 호흡에 실려 있을 생명감 같은 것, 내 몸이 느끼는 불편함의 정체를 깨달았을 때의 자유로움 같은 것. 이것들 역시 탐사되지 않은 채 내 몸에 남아 내가 어떤 사람인지에 영향을 끼치고 있을 것이다. 다만, 현재 여성을 둘러싼 사회적 조건이 이 무궁무진한 몸의 기억과 감각 중 성적인 대상으로서의 경험만 주로 발굴하게 하기 때문에 답답한 것일 뿐.

여성들이 지금까지와는 다른 관점으로 자기 몸에 대해 생각할 기회가 많아지길 바란다. 다른 몸의 기억들을 꺼내보

* 물론 여성의 몸이라고 위축만 되는 것은 아니다. '몸짱'이 되어 시선을 즐기고 통제하는 '마돈나'도 있다. 스스로에게 자신감을 불어넣는다는 점에서 '마돈나'가 되는 것도 인생을 즐기는 한 가지 방법이기도 하다. 하지만 '몸짱'의 자부심은 몸에 대한 두려움-늙은 몸, 남성적인 몸, 살찐 몸이 되는 것에 대한 두려움에 대한 반대급부일 뿐, 그 두려움으로부터 자유롭지 않다. 더구나 다이어트 식단을 실천할 수 있을 정도의 생활의 여유와(회식 한 번이면 다이어트는 무너지지만 말단 직원은 회식불참을 할 수 없는 것이다!) 피트니스 이용권이 없으면 단박에 사라진다는 점에서 지속가능하지 않다.

고, 몸이 느끼는 불편함의 정체를 밝히고, 가장 뻔뻔한 몸이 되어 두려움으로부터 자유로워지고, 가장 사소한 기억들부터 가장 결정적인 나를 찾아보면 어떨까. 성적인 존재로서 스스로와 서로를 편안히 응시하고 나누고 새롭게 욕망하는 시간, 가볍고 깊은 수다로 서로의 이야기를 공유하는 경험들이 우리에게겐 더 많이 필요하다. ∽ 부추

여장놀이를 추억하며, 젠더의 경계를 생각하다

여자가 되고 싶었다. 그런 때가 있었다. '여성임'에 대한 나이브한 동경과 부러움에 빠져들었고, 내 안에 숨어 있는 욕망을 끄집어내기 시작했다. 남성의 몸을 가졌으며 상당한 정도로 이성애자라는 정체감을 가지고 있는 나는, 오래전의 한 멋진 책 제목마냥 나야말로 '남자의 몸에 갇힌 레즈비언'이라는 생각을 했다. 아아. 내가 여자라면 정말 예쁘고 멋진 '레즈언니'가 될 텐데……. 그리고 세월이 흘러 나는 언니가 되는 대신 그냥 아저씨가 됐다. 그러니까 의학적인 시술을 원하거나 주민등록번호 뒷자리가 2로 시작되어야 안도할 만큼 진지한 욕망은 아니었던 게다.

하지만 '한 번쯤은 여성이 되고픈' 그 욕망을 지극히 소박한 방식으로 실현한 적이 있다. 지인들과 벌인, 가장무도회라 이름 붙인 연말파티를 통해서다. 한데 모여 다양한 캐릭터로 분장/치장하고 음주가무를 벌이는 놀이가 몇 해 지속되는 동안, 내 변신 주제는 오로지 '여성인 무엇'이었다. 여성인 펑크족, 여성인 히피, 여성인……. 하룻밤 동안이라도 내가 원하는 여성으로 변신한다는 것. 그건 단순히 이벤트성 코스튬 플레이 이상의, 묵혀둔 욕망을 두근대며 실현하는 경험이었다. 그렇게, 진하게 화장을 하고, 긴 가발을 쓰고, 치렁대는 치마를 입고 스타킹을 말아 올리고 무도회장에 올랐다.

잠시나마 여자가 된, 또는 되었다고 믿는 소녀…… 그래, 여인이라 하자. 어쨌든 여자가 되었다고 믿는 여인은, 두꺼운 화장의 답답함과 허리를 죄는 치마의 압박과 스타킹의 불편함을 꾹 참아내고 다소곳이 앉아 '예뻐요'란 말을 기다린다. 변신이 끝난 뒤 나를 알지 못하는 누군가가 무도회장에 들어서며 말없이 앉아 있는 나를 보고는 '당연히' 여자인줄 알았다는 말을 전한다. 예쁘다는 말도 덧붙인다. 당연히 그래야지. 흡족해진 여인은 자리에서 일어나 춤추는 언니들에게 다가가 추파를 던진다. 멋진 오빠들이 보였다면 역시 추파를 던졌을 것이다. 여인은 트랜스젠더/섹슈얼, 게이/레즈비언, 바이섹슈얼의 다양한 경계를 가로지르며 스스로 익숙하던 몸과 섹슈얼리티를 무시하고 오인하는 해방감을 질펀하게 즐겼고, 잠시나마 행복했다.

자아도취에 가까운 행복감을 맛볼 수 있던 여장을 준비하며 가장 먼저 생각한 것은, 아니 생각할 필요도 없이 '여자됨'에 필요한 물리적인 조건이었다. 내 몸은 여장을 하기에 '적절'한가? 이를테면 화장, 치마, 여성들의 장신구 따위가 내 몸에 잘 맞나? 잘 맞았다. 다리도 이만하면 날씬하군, 피부가 좋으니까 화장도 잘 받을 거야, 머리도 작고 어깨도 좁으니 긴 치마를 입으면 늘씬해 보이겠지? …… 그리고 몇 년이 지난 지금 내 몸을 바라본다. 이제 여장은 곤란하겠어. 부쩍 나이든 태가 나고 주름도 늘고 피부는 엉망이고, 허벅지와 종아리가 굵어지고, 심지어 배까지 나오는 것 같아. 화장을 해도 잘 안 먹을 테고 스타킹을 신어도 다리가 가늘어 보이지 않을 텐데……. 몸의 변화를 절감하며, 언니 오빠들은 여자로 변신하는 나를 더 이상 예쁘게 봐주지 않을 거라는 두려움에 휩싸인다.

그런데 몸이 '못나게' 변하면 여장을 못하는 걸까? 여장하기는 여기서 딜레마에 빠진다. 여성이 되기에 '좋은' 몸과 외모란 어차피 없잖아. 내 여장을 특정한 몸의 조건과 특정한 이미지에 제한하는 건 여성의 몸에 대해 사회화된 시선과 권력에 스스로를 거꾸로 묶어두는 게 아닐까? '나 역시 쭉쭉빵빵 언니들을 좋아하는 보통 남자일 뿐'이라는 자의식이 밀려온다. 게다가 내 여성으로의 변신과 변신 후의 행태는 철저하게 구획된 젠더 위계를 따른다. 여성적인 것으로 분류되는 품목들을 최대한 활용해 몸을 치장한 뒤, 파티라는 특수한 시공간에서 용기를 얻어 내 안에 있던 여성성, 실은 '여성적인 것'이라고 주입된 특질들을 자연스럽게 드러내는 것. 가능한 한 관능적이고 도발적으로, 그게 안 되면 가능한 한 다소곳하고 예쁜 척이라도. 그 외엔 달리 상상할 수 있는 게 없었다. 그렇다면 내 여장하기는 다양할 수 있는 젠더스펙트럼을 오히려 이분법적으로 재현하고 강화하는 퇴행적인 놀이는 아니었을까?

이쯤에서 다른 생각들이 스멀스멀 올라온다. 너무 빡빡하게 생각하는 것 아닌가? 어차피 놀이로서의 여장하기가 '성공'하는 전략은 분명해야 한다. 애초에 눈부신 꽃미남이라 치마만 둘러도 성별을 알아채기 어려운 조건이 아니라면, 최소한 그럴싸하게 보이거나, 그게 어려우면 여성성의 진부한 기호들을 과잉시키고 패러디하는 드랙퀸이 되거나. 〈왕의 남자〉가 안 된다면 〈벨벳 골드마인〉이나 〈헤드윅〉 비슷하게라도, 이도저도 안 되면 〈록키호러픽처쇼〉라도 해야 하는 거다. 결정적으로, 여성으로 '거듭난' 지금, 어차피 주어진 젠더 체계로부터 자유롭기 어렵다면 〈천하장사 마돈나〉의 장사 소년(소녀)의 이상형처럼 자신감 넘치는 마돈나 흉내라도 내면 되는 거잖아? 난 그냥, 내 욕망을 표현하는 놀이를 즐겼을 뿐이고, 사람들이 예쁘게 봐주는 여자가 되고 싶었을 뿐이라고…….

내게는 여성-남성의 몸, 여성성-남성성의 다양한 기호들 안에서 양자택일을 강요받거나 혼란을 느껴야 하는 정체감, 일상과 일생을 걸고 싸우고 부딪쳐야 할 만큼의 정체감에 대한 고민이 없다. 트랜스젠더/섹슈얼리티의 정체성에 대한 고민과 그저 여장놀이를 두고 느끼는 애매함은 질적으로 다르겠지만, 그 맥락은 비슷해 보인다. 소박한 욕망이나 호기심에 따라 이분화된 체계를 넘어서 보려는 놀이가 그 체계 안에서만 극단적으로 표현되고 제한된다는 것. 욕망이 그런 방식으로밖에 가시화될 수 없다는 건 '여장으로 여자 되어 보기'의 역설이다. 강고한 젠더의 경계를 위반하거나 교란할 수는 있을지 모르지만, 그 경계를 벗어나는 기획을 하기는 어려워 보인다.

하지만 '여장하기'가 그 자체로 자기 안의 다양한 특질들을 발견하고 창조하는, 적극적인 놀이가 된다면 어떨까. 나는 그저 외양만 다르게 꾸몄을 뿐인데, 유체이탈을 하듯 남근의 유무와 호르몬의 종류와 학습된 남성성을 가뿐하게 뛰어넘는 해방감을 느끼지 않았나. 섹스/젠더 정체감에 대한 강박이 약한 덕에 그렇기도 하겠지만, 숨어 있던 욕망을 겉모습의 변화로 드러내면서 실제로 몸이 변화하는 착각을 느낄 만큼 정체감을 확장, 또는 확인(!)할 수 있었던 셈이다. 요컨대 꽃미남들의 멋진 여장이든 개그프로의 기괴한 여장이든, 어떤 맥락에서 어떻게 드러내 '활용'하느냐의 문제가 아닐까. 이런 적극적인 활용은 여장-남장/여성성-남성성의 이미지를 뒤섞으며 젠더/섹슈얼리티의 경계를 해체하는(것처럼 보이는) 대중문화 아이템을 소비하거나 차용하는 것과는 다르다. 예컨대 소위 메트로-크로스 섹슈얼리티는 미화된 이미지와 스타일로만 소비되는 측면이 크고, 드라마 속의 여장/남장하기는 결국 애틋한 이성애 관계를 완성하기 위한 극적 장치에 불과할 뿐이니까.

내 '불안정한' 젠더를 앞에 두고, 내 욕망에 따라 기꺼이 수행한 '여장하기'라는 행위가 제기하는 젠더체계, 몸, 섹슈얼리티의 복잡한 맥락들 사이에서 오락가락하며, 뭔가 손쉬운 결론을 내기는 점점 어려워진다. 하지만 늘 중요한 것은, 여장의 경험을 통해서든 다른 방식을 통해서든, 이분화된 규범적 정체감이란 늘 부담스럽고 귀찮고 진부하며 허상임을 깨닫는 일이 아닐까. 그렇게 다양한 감수성과 욕망과 언어를 표현하면서 일상적이고 빤한 젠더관계에서 줄타기를 하며 관계를 확장하는 시도들이 중요한 게 아닐까. 그런 점에서 여장하기-다른 성별이 되어보기는 이분법적 젠더체계의 뿌리를 흔들지는 못하더라도, 여성과 남성이라는 무지막지한 이분법이 우리에게 얼마나 깊게 박혀 있는지 온몸으로 드러내고 보여주는 놀이가 될 수 있지 않을까. ∽ 노재윤

○

일시장애

나는 현재 일시 장애인이다. 과연 이 '일시'라는 게 얼마만큼의 기간을 뜻하는지는 모르겠지만. 오른쪽 어깨 관절에 이상이 생긴 것은 2년 전쯤이다. 인대가 상했다고도 하고 오십견이라는 설도 있었으나 결국 '충돌증후군'이라는 병으로 판명되었다. 뭐에 충돌해서 생긴 것은 아니고 뼈와 인대가 충돌해서 팔의 거동이 불편해지는 것이다. 증상이 심하지 않으면 몇 달 간의 근력운동으로 회복이 가능하지만 나처럼 오래 낫지 않거나 증세가 심하면 어깨뼈를 조금 깎아내고 찢어진 인대를 꿰매는 수술을 받아야 한다.

무거운 물건은 못 들지만 일상생활에 큰 지장을 주지는 않았던 '병'은 올해 들어 예기치 않게 심해졌고 나는 결국 수술을 받았다. 어깨를 몸통에 고정해주는 보조기를 한 달 정도 하고 그 후에는 몇 달 동안 꾸준히 재활을 해야 하는 긴 여정에 들어섰다. 수술 후 세 달이 지났고 이제 왼팔로 오른팔을 어깨 높이 정도로 들어 올릴 수 있고, 세수할 때 턱에 닿을락 말락 했던 오른손으로 이제 이마 정도까지는 짚을 수 있다.

왼손으로 밥 먹는 일은 생각보다 어렵지 않았다. 어릴 때 왼손잡이였는데 강압에 의해 오른손잡이가 된 것은 아닌가 의심스러울 정도로 내 젓가락질은 처음부터 훌륭했다. 일상생활도 마음먹기 나름. 냉장고에서 반찬통을 꺼낼 때, 냉장고 문 한 번 열 걸 두 번 열면 된다 생각하고, 머리도 원래 천천히 한 손으로 감는 거라고, 느긋하게 생각하면 한 팔로만 생활하는 것은 크게 불편하거나 속상하지 않았다.

오히려 나를 불편하게 했던 것은 주위의 과분한 '친절'이었다. 가게로 들어가는 유리문이라도 열라치면 생전 처음 보는 어떤 이가 나보다 앞서 와서 문을 열어주었고, 어떤 친구는 일부러 나를 위해 젓가락질이 많이 필요하지 않은 음식을 먹자고 해주었다. 그것은 그들의 친절이고 배려였기에 고

마웠지만 나는 한편으로 궁금했다. 나를 도와주고 싶은 마음과 굼뜬 나 때문에 조바심 나는 마음, 그러니까 자신들의 답답함을 해소하고 싶은 마음 중 어느 쪽의 비중이 더 큰 것일까? 그들이 도와주거나 대신해준 일들은 조금의 시간과 여유만 있으면 나도 충분히 할 수 있는 것들인데(절대 절대 절대! 고맙지 않았다는 얘기는 아니다).

하지만 내가 할 수 없는 일들도 분명 있었다. 예를 들어 아침에 버스를 타고 출근할 때, 한 손으로 버스 손잡이를 잡고 중심을 잡는 것은 내게 너무 힘든 일이(었)다. 만원버스에서 행여 어깨를 스치기라도 하면 나는 악 소리를 내뱉고 당사자는 깜짝 놀라 쳐다본다. '멀쩡한' 처자가 왜 저러나 싶어서. 그러나 보조기를 팔에 두르고 아픈 티를 팍팍 내던 시절에도 내게 자리 양보를 해주는 사람을 보기는 몹시 힘들었다. 심지어 내 앞에 자리가 났는데 나를 밀치고 앉는 사람도 있었고, 어느 날인가는 버스에 서 있는 사람은 나뿐인데, 앉아 있던 사람들 중 단 한 명을 제외하고는 모두 창밖으로 눈을 돌리거나 눈을 감아버리는, 재미있는 상황을 맞이하기도 했다(나를 외면하지 않았던 그 한 명은 내게 자리 '양보'를 하지 않아도 거리낄 것 없는 '할아버지'였다. 할아버지, 내리면서 그 자리에 앉으라 해주셔서 고마웠어요). 그러나 아마 내가 타고 다니는 버스가 좀 덜 과격하게 움직였다면 나는 굳이 눈에 불을 켜고 빈자리를 찾지 않아도 됐을 테니, 이건 내가 원래 할 수 없는 일이라기보다는, 충분히 할 수 있지만 조건이 마련되지 않아서 할 수 없게 되어버린 일이라고 하는 게 맞을 것이다.

또 어느 날인가는 휠체어석 옆에 놓인 '친절한' 버튼을 본다. 그 버튼을 누르면 다른 좌석에 있는 '일반' 버튼보다 더 큰 벨소리가 운전기사 옆에서 울린다. 운전사더러 휠체어에 묶인 안전벨트를 풀어서 장애인이 하차할 수 있게 하라는 것이다. 그래서 어느 저상버스는 '친절'하게도 이런 스티커를 붙여놓았다. "휠체어석 하차벨 스위치: 일반인은 다른 곳을 이용하세요^^" 그러니까 이런 의문이 드는 것이다. 팔이 불편한, 전에는 겉으로 보기에도 불편했지만 지금은 겉으로 보기에는 멀쩡한 나는 일반인인가, 아닌가. 남들보다 성깔 있고 가끔은 엉뚱한 생각들도 하는 나는 일반인인가, 특수인인가. 휠체어를 탄 사람은 일반인인가, 휠체어인인가.

그러나 나는 이쯤에서 고백해야겠다. 이 모든 의문과 생각, 반성, 성찰들은 나의 장애는 '일시'라는 자만감, 혹은 안도감 내지 느긋함이 내 속 깊이 자리하고 있기 때문이라는 것을. 하지만 그렇다고 해도 내가 겪고 있는 이 모든 의문과 생각과 반성과 성찰이 힘을 잃는 것은 아니라고 믿는다.

이 복잡하고 낯선 감정들을 가진 채로 나는 오늘도 버스에서 빈자리를 찾고 오른 어깨를 누군가와 부딪칠까 긴장하며 하루하루를 살아내고 있다. 늘 이런 복잡스러움을 접하고 있을, 장애인권운동을 하는 모든 이들에게 경의를 표하며.

∽ 따우

○

여름날의 커리어 우먼 코스프레

후덥지근한 여름밤이었다. 터덜터덜 걸어 집으로 향하는데 차가 다가오는 소리가 들렸다. 길 한쪽으로 옮겨 걷고 있는데, 차가 좀 더 바짝 다가오는 느낌이 들어 걸음을 멈췄다. 더 비켜설 곳이 없는데, '주차라도 하려는 걸까?' 싶어 뒤돌아 본 순간 차는 바로 내 옆에 정지해 있었다. 날은 어두워져 얼굴도 보이지 않는 운전자는 "어디까지 가요? 태워 줄게요"라고 말했다. 옆에는 차가 바짝 붙어 있고, 반대쪽은 벽이라 옴짝달싹할 수 없는 상황에서 태워준다는 말은 제안이 아니라 협박처럼 느껴져서 소름이 돋기 시작했다. 나는 차마 말이 나오지 않아 고개를 가로저었고 그 사람은 한 번 더 물어왔다. “어디 살아요? 태워다 줄게요.”

모기만 한 목소리로 싫다고 두 번인가 얘기했더니 운전사는 그제야 알겠다고 하며 사라졌다. 불과 5분 거리에 있는 집이 그렇게 멀게 느껴질 수가 없었다. 다음 날 점심, 가깝게 지내는 직장 동료들에게 이 이야기를 꺼내자 “어쩐지 어제 치마가 너무 짧더라”라는 대꾸가 돌아왔다. 황망한 표정을 수습할 새도 없이 이어 날아온 말은 “이제 그런 어두운 길로는 다니지 마. 거기 술집 많잖아”였다.

짧은 순간의 공포에 대한 공감과 위로가 필요했는데 웬걸, 무신경하게 짧은 치마를 입고 밤길을 혼자 돌아다닌 여성이 되어 꾸중을 들었다. 이 자체만으로도 충격을 받았지만, 동시에 직장 내에서의 ‘평판’에도 좋지 않은 영향을 미칠 거라는 느낌에 더욱 어지러웠다. 그 후에는 당시 직장 상사가 대놓고 얘기하지는 않았지만 ‘자유분방’한 내 옷차림을 못마땅해 한다는 것을 다른 이들에게 전해 들었다. 그 이후 마지못해 패션의 이중생활을 시작하게 되었다. 취향과는 전혀 무관하게, 적당히 단정하면서도 여성스러운 옷들을 계절별로 몇 가지 구비해서 직장인 코스프레를 하는 것이다. 코스프레를 하고 부터는 꾸중을 들을 필요도 없을 뿐만 아니라 업무상 만나는 사람들의 시선도 달라짐을 느낄 수 있었다. 이것은 겪어본 사람은 알 것이다. 처음 만났을 때 '도대체 당신은 여기서 뭐하는 사람이요?'라는 표정으로 바라보는 이는 이제 아무도 없다. 위아래로 훑어보는 시선도 사라졌다. 그 위에 겉옷을 하나 걸쳤으면 좋겠다는 상사의 '조언'도 듣지 않게 되었다. 살을 조금 덜 드러내고 약간의 소매가 달린 윗옷을 입은 것뿐인데, 어엿하고 성숙한 회사의 일원으로 인정받고 있다.

더 심각한 상황은 옷 외에도 갖추어야 하는 항목이 열 손가락으로도 부족하다는 것. 직장에서 비난받지 않고, 눈에 띄지 않는 여름을 보내기 위해서는 끊임없이 검열하고 판단하고 손질해야 한다. 둔하거나 나이 들어 보이지 않기 위해 살이 쪄서는 안 된다. 다리와 겨드랑이의 털은 깔끔하게 제거되어야만 한다. 맨 발톱이 드러나는 것은 지저분하기 때문에 일주일에 한 번씩은 손질을 하고 페디큐어를 칠해주어야 한다. 발이 드러나는 신발을 신을 때에는 발뒤꿈치도 매끈해야 한다. 땀 냄새가 나지 않기 위해 데오드란트를 사용해야 한다.

어쩌다 한 번이 아니라 매일 출근하기 전, 바쁜 와중에도 발끝부터 머리끝까지 자동적으로 점검하게 된다. 거울 앞에 서서 바라본다. 자, 오늘도 (회사에) 부끄럽지 않은 모습인가. 심심한 누군가들의 입에 오르내리지 않을 옷차림인가.

그러나 24시간 중 직장에서의 8시간 외의 시간들은 어떻게 지내나? 출근길 지하철은 아무리 냉방을 가동해도 무수한 사람들의 열기로 끈적이기 마련이다. 소위 '커리어 우먼'용 옷에는 날씨에 대한 배려란 눈곱만큼도 없다. 속옷이나 다리가 비치지 않아야 하므로 아무리 시원한 소재라도 속옷을 받쳐 입어야 한다. 땀이 나는 몸에 척척 감기는 옷들의 감촉. 게다가 브래지어도 신경 쓰지 않으면 끈이 보인다, 색이 드러난다는 이야기를 생판 모르는 사람들에게 들을 수도 있다. 아무리 많은 시간을 보내도 익숙해지지 않는다. 여름용이라고 나온 신발의 엄지발가락이나 측면이 뚫린 정도로는 통풍은 어림도 없다. 퇴근 후에는 공연을 보러 갈 수도 있고 한강으로 산책을 하러 갈 수도 있다. 이때야말로 직장인 코스프레는 활동에 하등 도움이 되지 않는다. 특히, 공연장이나 모임에서 정숙한 차림은 재미없고 따분하다. 바닥에 앉을 수도 없고 꽉 조이는 소매가 터질까봐 몸을 조심스럽게 움직여야 한다. 소리 지르고, 뛰고, 춤추는 사람들 사이에서 정지해 있다. 최대한 옷이 허용하는 범위 안에서 꼼지락거릴 뿐.

여름을 사랑한다. 뜨겁고 강렬한 햇빛. 입고 싶은 만큼만 입고 훨훨 다니고 싶은 계절이다. 그리고 노출은 이런 마음의 자연스러운 표현방식이다. 직장에서 목까지 올라오는 셔츠를 입으라든가, 무릎까지 내려오는 치마를 입으라든가, 소매 없는 옷을 입지 말라고 말하지는 않는다. 하지만 훨씬 더 무섭게 내 목을 옥죄고 땀구멍을 막고 있는 것들이 최소 수겹은 되는 듯하다. 계절에 맞게 입으면서 '그들'이 보기에 아름답게만 노출하는 여름이 벌써 여러 해 지나고 있다. 상식적인 직장인으로 보이기를 요구하는 일터, 그런 기준으로 사람을 평가하고 판단하는 시선들, 그리고 그 속에서 인정받고 살아남고 싶어 하는 욕구. 그 욕구를 채우기 위해 스스로의 표현 방식을 점검하는 나.

이 연결고리들을 끊어내지 않는 이상, 진정한 여름의 자유로움은 찾아오지 않을지도 모르겠다.

∽ 쿠나

견적내기프로젝트 성형OTL*
성형하고 싶……

성형견적을 내보러 가기 위해 인터넷을 뒤지기 시작했다. 원하는 수술을 클릭하면 평균시장가로 견적을 내주는 사이트를 발견했다. 클릭 클릭! 1,200만 원의 견적이 나왔다. 헉! 그리고 가상성형을 할 수 있는 스마트폰 애플리케이션을 다운받아 내 얼굴 여기저기를 손대보았다. 눈에 쌍꺼풀을 그려넣고 턱도 한번, 코도 한번. 순식간에 변하는 얼굴에 '앗!'을 외

* 2012년 한국여성민우회는 '견적내기프로젝트 성형OTL'이라는 프로젝트를 진행했다. 이 글은 프로젝트의 일환으로 성형외과를 찾아가 견적을 내보러 갔었던 느낌을 토대로 작성되었다.

쳤다. 이 세상 참으로 별세상일세. 다시, 견적을 내러 어디로 갈지 고민했다. 강남, 압구정 등 성형의 메카로 불리는 곳으로 갈까? 아니면 마음 편하게(?) 동네에 유명한 병원엘 갈까?

거울, 작아지는 나

고민 끝에 집과 가까운 성형외과 예약을 하고, 당일이 되어 병원을 찾았다. 차트에 내가 원하는 수술부위(눈, 코)를 체크하고 대기실에 있는 부위별 성형법이 담긴 파일들을 뒤적였다. 이내 또렷한 얼굴의 상담실장 언니와(여기서 왜 언니란 단어가 튀어나오는지 모르겠다) 분리되어 있는 상담실로 향했다. 괜히 겁을 먹었던 것인지, 계속 쳐다보고 있는 거울, 그 거울 속에 갇혀 작아지는 내가 보였다. 아, 거울. 그대, 앞에만 서면 나는 왜 작아지는가. 혹은 나의 몸은 왜 팽창하는가. 그녀는 내 눈에 나도 모르던 몽고주름이 있다고 했다. 사람을 졸려보이게 하는 능력을 가졌다는 이 녀석은 쌍꺼풀 수술을 통해 없애버릴 수 있단다. 다행히도(?) 나는 아무나 할 수 없는 미간 사이의 적정한 넓이를 가졌고, 앞트임을 할 수 있다. 그래. 그나마 미간의 넓이는 가졌구나. 쌍꺼풀을 그린 나의 눈을 본다.

그 공간, 그 시간, 거울 앞에 있는 나는 스스로 눈 말고도 나의 못난 얼굴을 고백했다. 자기고백의 시간이다. 얘기하고 또 얘기하고—그렇게 점점 못나 보이는 나의 얼굴을 만났다. 또렷한 인상을 위해 코를 세우는 것에 대해 물어봤다. 수술이 아닌 필러라는 주사로 빠르고 즉각적인 효과를 볼 수 있단다. 오호라. 몇 분이면 나의 콧대가 살아난다고? 원장은 1년 정도의 주기를 갖고 주사를 맞는 것은 비용이나 번거로움이 있으니 수술을 하는 것은 어떠냐고 했다. 낮지도 높지도 않은 나의 코. 이 코는 유행하는 코가 아니다. 요즘은 버선코처럼 코끝이 살짝 올라간 녀석이 유행이란다. 나의 연골을 떼어 실리콘으로 콧대 받침을 만들면 가능하다고 했다.

그렇게 받은 견적은 500만 원 정도. 견적을 내러 갈 때 교통카드만 들고 가라던 지인들의 말처럼, 거울에 비친 작아지는 나를 만나면서도, 달라질 수 있는 내 얼굴에 대한 기대감에, 짧은 수술시간과 바로 일상생활을 할 수 있다는 달콤한 말에 마음이 들썩들썩했다.

성형, 계속되는 물음표

수많은 성형 관련 온라인 커뮤니티에서 오고가는 질문들 속에 존재하는 불안과 나의 삶이 달라진다는 것에 대한 기대감은 무엇 때문에 오는 것일까? 외모가 자원이고 자본인 이 사회에서 고민할 수밖에 없는 것이 성형이 맞는 것일까? 실제 성형수술 후에 만족한 삶을 얻은 많은 사람들이 존재함은 부정할 수 없고, 개인을 설득해 성형을 하는 것 말고 다른 자기계발의 방법을 찾아야 한다고 말하는 것은 억지를 부리는 것이 아닐까? 이러한 현실이 버티고 있는데 페미니스트는 무엇을 말할 수 있을까?

사회가 원하는 얼굴은 시대에 따라 변한다. 획일화된 미의 기준이 있는 것 같지만, 그 안에 더 세분화된 미묘하게 다른 미의 기준이 또 존재한다. 그래서 한 번 성형수술을 한 이후에는 성형수술을 멈추기가 쉽지 않다. 그런데 이것은 오롯이 개인의 욕망으로 여겨진다. 하지만 이는 개인의 생명을 위협하는, 검증되지 않은 온갖 신기술과 기계에 열광하도록 만드는 성형산업이 만들어낸 문제이다. 의사는 수술을 하는 것에 대한 어떠한 위험이 있는지 말해주지도 않고(코에 맞는 필러는 코끝에 찌꺼기를 남기고, 연골이 주저앉아 부작용이 생길 수도 있는데), 직접 수술대에 올라야 의사 얼굴을 처음 보는 현실은(그전에는 상담실장만이 나를 반기는) 바뀌어야 하지 않을까?

‘성형하고 싶……’ 말줄임표에 숨겨진 이야기

흔하게 말줄임표를 사용할 때가 서술어 뒤에 마침표를 찍기는 어려운, 그렇게 정리하기에는 못 다한 이야기가 잔뜩 있을 때를 의미한다. 선택과 강요 사이에 존재하는 성형에 대한 솔직한 욕망을 이야기하는 시간이 필요하다. 가진 것이라고는 ‘몸뚱이’ 하나밖에 없다고 믿게 되었을 때 성형을 고민하게 되고, 외모를 관리하는 것을 365일 중에 350일쯤 고민하게 된 우리의 이야기를……. ∽ 여경

○

난 개구리가 아니다

그 일이 있기 전까지 난 '그들'의 존재를 의식조차 하지 못했다. 아직도 기억이 생생하다. 초등학교 6학년 같은 반 친구인 슬민이가 내 손을 보더니 "예원아 넌 손가락에 난 털이 부끄럽지도 않아?"라고 물었다. 그렇게 말하는 슬민이에게 "그걸 왜 부끄럽게 여겨야 돼?"라고 당당히 반문하기는커녕 '아! 내 손에 정말 털이 많네! 털은 부끄러운 건가 보다'라고 생각하게 되었다. 그때 슬민이의 표정도 기억한다. 마치 못 볼 것을 봤다는 그 표정. 슬민이가 그렇게 내 털들의 존재를 일깨워주자 털은 내게로 와 근심거리가 되었다.

그때부터 누가 내 손가락에 난 털을 볼까봐 조마조마했다. 다가와서 "넌 손가락에 털이 많네?"라고 할까봐 누가 오기도 전에 손을 감췄다. 근데 뭐 이건 손가락의 문제만은 아니었다. 팔에도 다리에도 겨드랑이에도, 이 복슬이들을 대체 어쩐단 말인가. 왜 난 이렇게 털이 많지? 부모님 두 분 다 털이 거의 없으니 유전은 아닌 것 같고. 원인을 파헤치려 했지만 아무리 생각해도 유독 나만 털이 많은 이유는 미스터리였다. 아냐! 원인을 파악하기보다는 대처를 잘하는 것이 중요하지. 암!

그렇게 나의 제모 역사는 시작되었다. 온갖 방법을 다 시도했다. 도구가 없을 땐 손톱으로도 뽑고, 무난하게 시도해보는 면도기, 아빠의 전동면도기, 그다음엔 좀 더 정교하고 오래가는 족집게로 뽑기. 많은 사람들이 족집게로 뽑는다고 하면 미간부터 찡그린다. "뽑으면 안 아파?" 백 번도 넘게 들어본 질문이다. 그런데 많이 뽑다 보면 모공에 길이 터져서인지, 아픔을 느끼는 감각점들이 지쳐버린 것인지 아프지 않다. 눈 똑바로 뜨고도 뽑을 수 있다. 이렇게 나는 제모에 있어서는 12년차 고수였다.

고수는 하루도 수련을 거르지 않는 법! 나는 아침에 일어나면 샤워하며 정성스레 털들과 작별하는 의식을 치렀다. 잘 가라 빠이빠이. 심지어 겨울에도 거르지 않는 대단한 일관성도 있었다. 고수의 자리를 내려놓겠다고 결심한 것은 올 2월이었다. 민우회에서 활동가로 일하면서 익숙한 것들에 물음표를 맘껏 던지게 되었다. 그 탄력을 받아 '어떻게 하면 제모를 더 잘할 수 있을까'에서 '왜 난 제모를 하지?'로 물음이 바뀌게 되었다. 그동안 해야만 한다는 압박 속에 다른 선택지 없이 했던 것들에 대해 저항의 펀치를 날려야겠다는 마음이 한껏 차올랐다. 그리고 난 실행에 옮겼다.

매일의 제모의식을 멈추자 샤워 시간이 엄청 단축됐다. 7분 정도면 거뜬히 샤워를 하게 됐다. 그뿐만 아니라 집이 아닌 다른 곳에서 잘 때 거추장스럽게 챙겼던 면도기를 더 이상 챙기지 않아도 됐다. 그렇게 No제모영역을 넓혀가고 있었는데 두려운 마지노선은 있었으니. 바로 다리털이다. 으윽! 제모 안 한 다리로 외출한다는 것은 상상조차 할 수 없어! 가만히 생각해보니 털이 있는 게 당연하다. 내가 개구리도 아닌데 말이다. 오히려 제모가 더 자연스럽지 않은데! 여기서 포기할 수 없겠다는 마음으로 이번 여름 과감히 도전했다. 스타킹 없이 치마를 입고 맨다리로, 조마조마한 마음으로 지하철에 입장했다. 어라? 출근하는 길에 아무도 나를 쳐다보지 않았고 내 다리털에 관심을 주는 사람은 하나도 없었다. 시도해보기까지가 어려웠지 막상 해보니 사람들의 시선에 대한 막연한 두려움도 금세 사라졌다.

이제와 생각해보면 그동안 떠내 보낸 털들에게 미안함도 든다. 태어나 한 번도 세상의 빛을 못 보지 않았던가. 더 이상 털이 없었으면 좋겠다는 마음을 품지 않아도 되니 나를 한결 더 있는 그대로 받아들인 기분도 든다. 이제는 귀여운 구석도 보인다. 팔에 난 털들을 잘 쓰담쓰담 하면 물결무늬도 볼 수 있다. 추운 계절이 다가오고 있다. 찬바람 불면 일사불란하게 허리를 펴서 날아가려는 온기를 붙잡아줄 나의 털들! 올 겨울은 사랑스런 털들이 나를 포근하게 지켜주겠지? 내 복슬이들과 함께라면 찬바람도 두렵지 않다!

미스터리가 결국 풀리기는 했다. 그것은…… 바로 엄마가 이미 오래전 영구제모를 했다는 것이었다고라고라.

∽ 로이

○

왜, 지금, 누구를 위한 피임약 재분류인가?

나는 "저 섹스하고 살아요"라고 말하기 힘든 젊은 여자애다. 피임을 한다는 것도 말하기 힘들다. 피임은 곧 섹스를 한다는 뜻으로 해석될 수 있기 때문이다. 그래서 안전한 피임 수단을 요구하기도 어렵고, 피임약을 구하기도 힘든 처지다.

중학생 때 섹스를 시작해서 피임법에 대해서는 나름 역사가 길다. 생리 주기를 계산하는 것부터 지하철역 자판기에서 사탕을 뽑는 척하며 콘돔을 구입하고, 성인이 되어서는 약국에서 피임약을 복용하기까지.

2012년, 피임약 재분류에 대한 소문이 한동안 트위터에 떠돌았다. 일반의약품이라 약국에서 구입할 수 있는 피임약을 의사 처방을 받아야만 구할 수 있는 전문의약품으로 재분류한다는 거였다. 건강보험이 아버지 명의로 되어 있는 나는, 겁에 질려 2년치 약을 사재기했었다. 구할 수 있는 약의 최대 유통기한은 2년까지였고, 2년 뒤엔 건강의료보험을 내 명의로 바꿀 수 있을 거라는 기대를 하면서 말이다.

결국 피임약 재분류안은 현실이 되었고, 나를 비롯한 몇몇 사람들은 많이 화가 났다. 친구의 블로그(http://mydefinition.tistory.com)를 빌려 성명서를 만들어 올리고, 연명을 받았다. 불과 며칠 만에 1,800여 개의 댓글이 달렸다. 그 성명서는 주옥같은 댓글들과 함께 식약청에 전달되었다.

왜 화가 났을까?*

성명서에 달린 댓글들을 보면 화가 나는 이유도 다양하다. 누구는 약국에서 피임약 달라는 말이 어려워 비타민제를 사서 나왔단다. 이제 산부인과에서 훈계 들으며 약 사야 하는 거냐는 청소년도 있었다. 성인 여성들은 매달 산부인과에 섹

스한다고 보고하라는 뜻이냐고 비꼬기도 했다. 비혼 여성이 산부인과를 가기에는 보는 시선들이 곱지 않은데 어떻게 매번 산부인과에서 가서 피임약을 처방받느냐고 화를 내기도 했다. 많은 여성들에게 산부인과의 벽이 얼마나 높은지 실감할 수 있었다.

사실, 산부인과 의사회의 말처럼 전문가와의 상담을 거쳐 자신에게 가장 좋은 피임법을 선택할 수 있다면 얼마나 좋겠는가? 나부터도 그렇게 하고 싶었다. 약국에서 구입한 피임약을 먹고 생리 기간이 너무 길어지면, 보다 짧은 생리 기간이 가능해지는 신약을 처방받고 싶기도 했다. 거기다 지병이 있어서 웬만하면 의사와 상담을 하고 가장 안전한 방법을 선택하고 싶었다.

그럼에도 불구하고, 약국에서 약을 구해왔다. 일요일 하루 외에는 일을 하면서 정기적으로 처방전을 받으러 산부인과

* 2012년 6월 식품의약품안전청은 사후 응급피임약을 일반의약품으로 전환하고, 경구피임약을 전문의약품으로 전환하는 의약품 재분류(안)을 발표했다. 결론적으로 식약청은 피임약 사용 관행과 사회 · 문화적 여건 등을 이유로 들어 현행대로 사전경구피임약은 일반의약품으로, 응급피임약은 전문의약품으로 유지하기로 했다.

에 가기가 쉽지 않기 때문이다. 병원 기록이 남아서 혹시라도 가족이 알게 될까봐 걱정도 됐다(원칙적으로는 알 수 없다지만 가끔씩 우편물 등을 통해 알려지는 경우도 있다고 한다). 또한 이번 피임약 재분류안대로 된다면, 이제 진료비용과 약제비용까지 합쳐진 피임 비용은 얼마가 되는 것일까?

결과적으론, 나 이외에 수많은 여성들에게서 피임 수단 하나를 앗아가는 것과 다르지 않다고 생각한다. 여전히 존재하는 섹스하는 청소년에 대한 편견, 산부인과에 가기 힘든 젊은 비혼 여성들, 약값과 진료비용을 동시에 부담하기 버거운 여성들 등.

그렇다고 지금처럼 경구피임약을 구매하면 아무 걱정이 없는 것도 아니다. 부작용에 대한 걱정도 있고 복용을 한두 번 빠뜨리게 될 경우에는 복잡하고 묘하게 미심쩍은 설명서에 의지할 수밖에 없다. 하지만 산부인과를 둘러싼 사회적인 낙인과, 가부장 중심의 의료보험 체계까지. 변하지 않는 이 모든 사회적 조건 속에서 처방전까지 요구하는 것은 하나의 크고 단단한 장벽을 더하는 것이나 마찬가지다.

그렇기 때문에, 여성들은 가뜩이나 적은 피임 수단을 빼앗긴다는 분노, 현실적인 진료 환경 개선은 아직인데 처방전을 받아야 한다는 산부인과에 대한 불신, 이런 일이 섹스와 피임의 당사자인 여성이 아닌 자들에 의해 좌지우지된다는 분노까지 포함된 복합적인 감정을 느낀다. 분노를 행동과 압력으로 풀어내어 포괄적인 여성의 건강권과 성적자기결정권을 적극적으로 요구하는 것이 장기적인 대응이 될 것 같다.

정말이지 섹스하기 힘든 세상이다.

∽ 김우유

헤움의 머리 기르기

나는 머리를 기른다. 처음 기르기 시작한 건 2006년, 당시 애인이었던 여성 친구와의 대화가 계기였다.

"○○ 씨는 왜 머리가 짧아?" (평소에 반말로 이야기하는 사이인데, ○○ 씨라고 부르는 건 조심스럽게 말을 걸고 있다는 것)

"응? 난 이게 제일 잘 어울려."

"뭐라고? 여태까지 그 머리밖에 해본 적이 없으면서 그게 제일 잘 어울린다고? 아오, 빡쳐!"

그러면서 이야기가 시작되었다.

나는 어른들 말씀도 잘 듣고 학교에서 하라는 대로 잘 따라하는 아이였다. 혼자 텔레비전을 보다가도 애국가가 나오면 일어서서 가슴에 손을 얹었고, 조회시간에는 차렷 자세로 움직이지 않으려고 노력했다. 그렇게 자연스럽게(아니 정확히 말하면 굉장히 인위적으로) 행동도 말투도 생각도 보통의 남성이 되어 있었다. 머리도 당연히 짧은 머리, 옷 입는 것에도 무관심. '중요한 것은 알맹이다, 내면이다'라고 생각했다. 하지만 그것을 핑계 삼아 외모에 신경 쓰지 않는 나 자신을 정당화했고, 화장을 하거나 염색을 하는 사람들을 자본주의 방식에서 벗어나지 못하는 사람이라고 생각했다. 이렇게 외모로 압박받지 않을 수 있는 남성의 편리함을 마음껏 누리고 있었다.

머리 기르는 것쯤이야

페미니즘이라는 게 말로 하면 얼마나 쉬운가? 특히 생물학적으로 남성이면 경계선의 이쪽에서 "외모지상주의에 반대한다, 성폭력에 반대한다, 성별 구분에 반대한다" 안전하게 외치기만 하면 된다. 그걸 외치는 나는 짧은 머리에, 입만 열면 "현재 한국사회가" 어쩌고저쩌고…….

말로 표현하지 말고 행동으로 표현해야 한다. 사랑도 그렇고 진보도 그렇다. 내게 왜 머리가 짧으냐고 물었던 그녀는 안 좋은 소리 들어가면서도 화장을 안 하고 다닌다. 모임에 나가서 듣는 썩은(?) 말들에 문제제기도 일상으로 한다. 그러니 나도 좀 뭔가 해보라고 한다. 그녀는 나에게 두 가지 선택지를 줬다. "치마를 입을래, 머리를 기를래?" 당시 다니고 있던 학교에는 여성주의 실천으로 치마를 입고 다니는 남자애가 내가 아는 한에서 두 명 있었다. 아, 그런데 그건 너무 어려워 보였다. 그에 비하면 머리 기르는 것쯤이야.

머리가 길어지니까 관리하는 게 힘들어졌다. 긴 머리를 감고 말리면서 왜 여성들이 외출 준비에 오래 걸리는지 알게 됐다. 자연스럽게, 별 노력 없이 보이는 긴 생머리가 절대 자연스럽지 않다는 것도. 그리고 머리가 길어지니까 몸짓, 손짓도 달라졌다. 귀밑머리를 귀 뒤로 넘기게 되고 음식을 먹을 때 머리카락이 닿지 않게 신경을 써야 했다. 여성에게 고유한 행동처럼 여겨지는 게 원래 그런 게 아니라, 이렇게 신체 규율이나 옷차림으로 만들어지는구나, 하는 것을 새삼 깨닫게 됐다.

“계집애처럼 그게 뭐냐”

머리를 자르라는 이야기를 그렇게 많이 듣게 될 줄은 상상도 못했다. “계집애처럼 그게 뭐냐”는 어머니와 아버지의 잔소리는 예측 가능했지만, 노골적이지는 않아도 “너에게 안 어울린다”거나 “이외수 닮았다”는 말은 조금 더 강력한 공격으로 느껴졌다. 거울을 보니 내 눈에도 긴 머리의 내가 썩 좋아 보이지는 않았다. 이외수를 닮은 것 같기도 했다. 관리 없이 거칠게 머리를 길러서이기도 하고, 긴 머리 남성이 흔하지 않아서 금세 닮은 것처럼 느껴졌다. 그래서 아름다움이라는 것이 젠더에 따라서 어떻게 다르게 적용될 수 있는지 고민할 수 있었다. 그래도 소수의 사람들이 “잘 어울린다”, “머릿결이 좋다”고 칭찬해줘서 점점 내 모습을 좋아할 수 있었다.

우습지만 머리를 기르면서 내가 소수자라는 것을 느낄 수 있었다. 한번은 이런 일이 있었다. 학교에서 한 교수가 “야~ 그 머리, 참 잘 어울린다”고 말했다. 그런데 그게 정말 칭찬 같기도 하면서도 혹시 반어법인 것은 아닌지 생각하게 됐다. 권력이 약한 위치에 있으니 상대방의 사소한 말에도 신경이 쓰였다. 나는 상대방의 반응을 신경 쓰는 사람이 아니었는데 말이다. 아니, 사실은 신경 쓰지 않아도 되는 사람이었던 것이다.

지하철이나 버스에 타면 사람들이 한 번씩 나를 쳐다본다. 꽤 오랫동안 응시하는 사람도 있다. "총각이우, 아가씨우?" 물어보기도 한다. 아이들은 혼란스러운 표정, 약간은 두려운 표정, 신기한 것을 발견한 듯한 표정으로 나를 본다. 어른들에 비해 꾸밈없는 반응이겠지. 사람들은 내가 남자인지 여자인지 규정할 수 없을 때 엄청 불안해 보였다. 아이들도 세상을 젠더로 구분하는 것에 익숙해진 것 같다. 그래서 깨달았다. 남자가 머리 기르는 것은 정말 여러모로 아무것도 아닌 실천인데, 이 비루한 사회에서는 이것도 필요하다고 생각했다. '더 자주 보여주며 사람들이 긴 머리 남자에 익숙해지게 해야겠다!'

세상에는 젠더를 구분 짓는 것들이 참 많다. 옷 디자인이 그렇다. 남성인 나는 무채색, 파란색 계열만 좋아했다. 소위 '여자색'으로 분류되는 것은 못 견뎌했다. 분홍색이나 빨간색, 노란색 옷을 입는 것은 상상도 못했다. 그런데 나의 미적 취향이라는 게 나만의 취향이 아니고 남성 일반의 취향이라는 것을 깨달으면서 일부러 그런 색상에 도전해보며 점점 익숙해졌고, 지금은 귀여운 것, 분홍색을 좋아하고 있다. 하지만 왜 귀여운 캐릭터 디자인 옷은 다 여성용이고, 그렇게 여성의 특정한 체형에만 맞춰서 나오는 걸까? 유니섹스에 기대했지만 그건 굉장히 무난한 디자인만 나온다. '아, 취향을 강요하는 이런 무다양성의 사회 같으니라고!' 이렇게 페미니즘은 내 주변 사람의 문제가 아니라 나의 문제가 되었다.

∽ 혜움

누구로 기억할 것인가, 누구와 기억할 것인가

1.

엄마가 오래 아프시다. "하나님, 나 20년만 더 살게 해주세요"라는 그의 기도는 늘어난 평균수명에 비추어 욕심이랄 수 없건만, 어려운 질병이 그의 몸에 거주하고 있다는 사실을 아주 구체적인 증상으로 목격할 때면 인간의 삶이 너무나도 짧다는 것에 소스라치게 놀라고는 한다. 그러나 엄마는 어느 저녁 심상한 표정으로 아버지에게 이른다. "나 죽으면 어쩌려고 그래? 설거지 연습도 좀 하고, 그 좋아하는 옥수수 삶는 법도 익혀둬야지." '나 죽은 다음'이라는 것을 생각하는 저 마음은 어떤 것일까 헤아리다 보면, 나는 어쩔 줄 모르다가 이내 다른 생각을 해버린다. 삶이 유한하다는 것을 자각하면서도 끝까지 잘 살아낸다는 것은 어떤 것일까. 엄마는 어떤 마음으로 하루하루를 살고 계실까. 무엇이 그를 고독하지 않게 해주고 있을까.

2.

고정희 시인이 43세의 젊은 나이로 세상을 떠난 여성운동가였다는 것을 알게 된 것은 삼십대가 된 지 얼마 안 되어서였다. 내가 활동하고 있던 단체였던 언니네트워크가 2005년 제3회 '고정희 상(賞)'을 수상하면서다. "고정희 상? 고정희가 누구길래 '고정희 상'까지 있지?" 했던 나는, 그가 《또 하나의 문화》 창립 동인이었고, 『여성해방 출사표』(동광출판사, 1990)라는 시집을 비롯한 많은 시집을 발표했으며, 《여성신문》의 초대 주간이기도 했다는 것을 뒤늦게 알았다. 그제야, 이십 대에 어떤 페미니스트 선배에게 들었던 일화가 떠올랐다. 고정희 시인이 지리산 등반 중 실족하여 갑작스레 세상을 떠났을 때, 그를 민족주의 시인으로서 추모하려는 남자 문인들 사이에서《또 하나의 문화》를 중심으로 한 페미니스트들이 그를 '페미니스트 시인'으로 불러내고 기억하기 위해 했던 일들에 대한 이야기였다. 별다른 감흥 없이 곧 잊었던 그 일화가 몇 년 만에 다시 떠오르면서, 나는 내가 변했음을 알았다. 무수한 시인들 중 한 명이었던 고정희 시인이, 갑자기 특별한 시인이 되었다. 그것은, 내가 고정희를 특별한 시인으로 기억하는 사람들의 일부가 되었다는 뜻이기도 했다.

3.

그리고 그해 2005년, 여성학과 동료들과 소식을 나누는 온라인 카페에서 "안드레아 드워킨의 죽음"이라는 제목으로 올라온 글을 읽게 되었다. 안드레아 드워킨은 그전까지 나에게 책이나 논문에서 등장하는 이름이었을 뿐 그가 언제 어디서 태어나 어떻게 살아왔는지에 대해 아는 바가 없었기 때문에, 그가 세상을 떠났다는 소식 역시 너무나 생경했다. 솔직히 말하면, '아, 아직 살아 있는 사람이었나' 하는 생각마저 들 정도였다. 1946년생 미국의 급진주의 페미니스트. (《가디언》지에 실린 어느 페미니스트의 기고글에 따르면) "지구 상에서 가장 많이 비방당한" 페미니스트. "포르노는 이론, 강간은 실천"이라는 유명한 (그러나 지나치게 단순화된) 문구 외에는 드워킨에 대해 아는 바가 별로 없다는 것을 깨닫고, 드워킨의 책을 인터넷 서점에서 주문했던 기억이 난다. 58세의 죽음이 '너무 이르다'고 느끼는 나이가 된 나는, 그의 삶이 얼마나 고단했을까 생각했다. 한국에 그 삶의 고단함에 대해 상상하는 삼십 대의 페미니스트가 있다는 것을, 드워킨의 영혼은 알고 있을까 하는 생각도 했다.

4.

2009년. 최명숙 선생님의 장례 소식을 들었다. '여성장'이라고 했다. 몇 벌 없던 검은 색 옷을 찾아 입고 추도식에 갔던 기억이 난다. 무슨무슨 단체 장, 무슨무슨 대표들이 그를 '명숙이'나 '명숙 언니'라고 부르며 추도사를 했다. 이십 대 후반에 몇 번 함께 회의를 했던 기억밖에 없었던 나는, 바람결에 그의 직함이 바뀌었다는 이야기를 들었고, 지나가는 지인에게 그의 투병 소식을 들었고, 온라인에서 그의 추도식 소식을 들었다. 그 시간 동안 그가 어떤 삶을 살았는지 알지 못한다는 것이 아프게 느껴졌다. 나는 또, 추도식에 가서야 그가 20년 간 민우회에서 활동했다는 것을 알았다. 그날부터 나는, 단체에서 오래 일한 활동가는 그가 누구이건 일단 존경받을 만하다는 입장을 갖게 되었다. 시간이 흘렀다. 그 다음 해에도, 또 그 다음 해에도, 그를 기억하는 페미니스트들이 9월마다 모인다는 소식을 들었다. 페미니스트들이 모여 함께 기억하는 동안, 최명숙 선생님의 삶은 그를 기억하는 사람들의 삶에 스며들겠지. 내가 그를 기억하는 만큼 그가 나에게 스며드는 것처럼. 나는 그를 '선배'라고 부르고 싶어졌다. 그는 어떻게 생각할지 모르겠지만.

5.

'선배가 없다'고 생각하며 살았던 이십 대가 생각난다. 이십 대 중반, 페미니스트가 된 지 얼마 되지 않았을 무렵 나에게는 욕할 선배들뿐이었고, 나는 몇 년에 걸쳐 대상을 바꿔가며 많은 선배들을 비판했다. 나는 그들이 나의 선배가 아니라고 선언하고 싶어 했고, 그것이 내가 했던 많은 비판들 뒤에 숨겨진 감정의 핵심이었다. 민족민주운동과 '따로 또 같이'를 선포했지만 여전히 감정적으로 연루되어 있는 선배들을 충분히 '급진적'이지 못하다고 욕했고, 반성폭력 운동보다 호주제 폐지에 매진하는 선배들을 결혼제도 안에 있는 '아줌마'들이라고 폄하했다. 그때의 비판들이 다 무효하다고는 지금도 생각하지 않지만, 적어도 내가 그들의 삶에 대해 별로 아는 바가 없었다는 것만은 부정할 수 없는 사실이다. 나는 내가 모르는 것이 무엇인지를 몰랐었다. 내가 물려받은 것이 무엇인지는 더더욱 몰랐다. 하지만 '선배가 없다'는 그때의 고아심(孤兒心)은 한편으로 내가 선배를 찾거나 기억하려 하지 않았기 때문이기도 하다는 것을, 이제는 안다. 노트북 모니터에 띄워놓은 '여성주의 계보'라는 문구를 보며, 선배를 욕할 수 있다는 것의 행복에 대해 생각해본다. 선배를 욕할 수 있는 것이 행복인 이유는 물론, 일단 선배가 있어야 욕도 할 수 있기 때문이다. 그리고 선배를 욕하면서, 선배를 넘어서려 애쓰면서, 은연중에 그의 후배가 될 수 있기 때문이다. 또한 함께 선배를 욕하고 그것을 넘어서려 애쓰는 사람들과 동지가 될 수 있기 때문이다.

6.

여성학자 정희진은 화가 이중섭이 나혜석과 비슷한 말년을 보냈음에도 불구하고 "이중섭의 죽음은 나혜석처럼 '시대를 앞서간 자의 당연한 말로'가 아니라 위대한 화가의 치열한 예술혼으로 여겨진다"는 사실에 대해 질문하면서, "나는 나혜석의 삶이 행복했다고 본다"고 썼다. 가부장제가 기록한 나혜석의 죽음에 나혜석의 삶을 되돌려준 정희진의 문장을 읽었을 때, 나는 나의 어떤 불안이 구원받았다고 느꼈다. 여성주의 계보는 주어지는 것이 아니라, 찾아내어 기억하는 것이다. 중요한 것은 시대적 존재로서의 한 여성을 '누구로' 기억할 것인가, 그리고 그 여성을 '누구와 함께' 기억할 것인가이다. 기억하는 사람이 있을 때, 그것은 기억된다. 기억하는 사람이 여럿일 때, 그것은 이야기가 된다. 기억하는 사람이 그 기억과 현재의 자신을 연관시킬 때, 그것은 계보가 된다. 기억하는 사람이 과거와 현재를 연결시키면서 공동으로 다른 미래를 열고자 할 때, 그것은 역사가 된다. 우주의 먼지처럼 짧고 유한한 삶들이 얽히고 이어져 이루는 어떤 '의미'—바로 여성주의의 역사 말이다. ∽ 시타

○

우리는 매일 아침 능(陵)에서 눈을 뜬다

나는 기묘한 무덤에 거주 중이다. 부동산 계급사회에 살면서 2년마다 이사를 다니거나 혹은 그보다 못 살고 나오기를 반복해 결국 또 보증금 500만 원에 월 30만 원짜리 집을 구하러 다니는 동안 풀이 죽고 쓸쓸했다. 그렇게 불안과 우울 속에 도시 빈민의 한이 깃들고 사회안전망도 없이 방치된, 독거 인구의 한 부류에 합류해 반지하에 살게 됐다.

"내 인생이 이게 뭐야, 지하에서 깡패랑 술이나 마시고"*

어디선가 초파리가 날아든다. 요즘 부쩍 초파리가 늘었다. 지하세계에는 이 건물의 모든 하수가 모여든다. 그 물과 배수관이 내는 텅텅꾸르르 소리, 습기, 냄새, 벌레와 함께 산다. 바람은 절대 불지 않는다. 공기는 정체되어 있다. 햇볕으로 말할 것 같으면 빛은 겨우 들어오는 구역이 있지만 해를 본 적은 없다. 곰팡이가 걸레로 닦으면 없어진다는 것을 배운 이사 전날 밤 고개를 270도 꺾으니 달이 보였다. 지상을 달리는 것들은 오토바이, 자동차를 막론하고 집의 창들을 흔들어댄다. 내 방 창문 바로 앞에 주차하면서 빨간 빛을 쏘아대고 지축을 흔드는 윗집 사람(그 차)을 노려보는 것은 자다 깨서 하는 짓이다. 이 모든 소리의 팽창과 빛의 차단 속에서 신경은 날카로워지고 기분은 축축하다. 옆집에 두 남자가 산다는 것을 들은 후로 옆집과 너무 붙어 있는 현관을 열 때마다 손이 떨린다. 어느 신경정신과 의사는 반지하에 사는 사람들이 햇빛을 못 봐서 우울하단다. 가뜩이나 인상 우울한데, 낙인만 커져가겠다. "내 인생이 이게 뭐야?"라며 지하에서 고양이처럼 웅크린다.

* 영화 〈내 깡패 같은 애인〉(김광식 감독, 2010).

너는 신석기에 생겨 오늘날 도시 빈민의 거할 곳이 되었구나

이 땅에 처음으로 반지하가 생긴 것은 신석기 시대. 도시에 처음으로 지하 거주자가 생긴 것은 1920년대 초반 가난한 사람들이 제방이나 강변 등을 무단 점거해 초라한 움막을 짓고 산 것이고 그것은 신석기 시대의 토굴과 다르지 않았다. 정부의 묵인 하에 건축법은 점점 완화되어 지하 방공호는 주택공간으로 개조됐고 단독, 다세대, 연립주택의 지하 곳곳에 반지하 집들이 생겨났다.* 2005년 통계청 자료에 따르면 전국의 반지하주택은 58만 6,649가구로 전체의 3퍼센트이다. 이 가운데 94퍼센트가 수도권에 살고, 서울인구 980만 중 36만이 반지하에 산다. 그리고 이들 중 82.7퍼센트가 세를 얻어 사는 이들이다. 2005년 한국도시연구소가 서울/경기지역의 반지하주택 표본 실태조사를 벌인 결과 반지하주택의 43.3퍼센트가 최저 주거기준**에 미치지 못했다. 반지하에 사는 사람들은 가난하다. 그중 혼자 사는 사람은 외로울 것이고, 여성들은 그 존재로 인해 드는 생각도 많고 심

* 《주간경향》(2010년 10월 2일).

** 최저 주거기준은 2003년 7월 주택법이 개정되면서 법제화됐다.

란할 것 같았다. 하여, C, H, B를 만났고, 반지하 사는 여성들의 모임. 〈반만 올라가면 1층〉이 시작됐다.

밤의 이야기 수집자들: 기이한 공간, 주인, 변태, 시선

우리의 특징은 지방에서 태어나 서울로 이주한 자들이었고, 20대 후반에서 30대 초반의 변변한 직장 없는 이들이었다. 시민단체 활동가이거나 비정규직이거나 대학원생. 주거비로 월수입의 30퍼센트 이상을 지출하고 있다. 물론 타고난 것도 있지만 4명의 지하생활자는 모두 야행성에 가깝다. 캐릭터는 (반지하에 살면 우울하다는 견해와 달리) 때로 경박하기까지 한 만담꾼들이다.

월세부터 까고 집 구조를 그려가며 이야기는 시작됐다. 4,000~5,000만 원짜리 집에서 30~40만 원의 월세를 내며 살았고, 그 집들은 각기 묘한 군데가 있었다. 좀 나은 반지하 집들은 비탈에 있는 경우가 많아 한쪽은 지상이다. 그러나 경사가 좀 심한 집에 들어간 B는 집의 바닥 자체가 기울어 있어, 자다가 머리에 피가 쏠려 깬다고 한다. 원래 방은 3개이지만 불법 증축으로 5개 공간까지 늘어나 화장실이 집의 한 가운데 있고 어떤 방을 거쳐야만 다른 방이 나온다. 그 방에는 곱등이가 산다. C의 집은 비좁은 화장실에 세탁기를 둘 수밖에 없어 변기와 세탁기가 바짝 붙어 있다. 습습한 화장실에 있던 세탁기는 방전이 됐는데, 거기서 용변을 보던 C는 감전이 됐다. 게다가 낮에는 햇빛이 없는데 밤에는 창문을 향해 정확히 내리꽂히는 가로등 불빛 때문에 곤욕이다.

H의 집에는 낯모르는 대학생이 갑작스럽게 방문한 적이 있다. 그는 자기 집에서 보니, 어떤 남자가 한 달째 H의 집을 들여다보고 있더라는 제보를 했다. 여자들만 사는 집을 지켜본 남자나 제보한 남자나 소름 끼친다. 교묘한 돌담 밑에 위치한 창은 누군가 숨어서 은밀하게 지켜보기 좋다. 창을 열어놓고 살아야 되는 여름은 변태뿐 아니라 침수 때문에 공포다. 지상에 물이 흐르고 배수 시설이 엉망인 서울에서 여름은 반지하 생활자들에게 초긴장의 계절이다. 게다가 반지하 집들이 많이 잠긴 작년에 100만 원씩 나온 보상금을 주인들이 가로챘다는 흉흉한 이야기도 나왔다.

B는 침수를 겪은 고수였다. 순식간에 무릎까지 물이 차올라 지갑만 들고 나왔다. 말할 것도 없이 천장, 벽 등 집은 엉망이 됐고 거기서 나와 다른 곳에서 지냈다. 그런데 주인은

그 집을 수리하는 두 달 동안의 월세를 보증금에서 제했다. 각종 집수리는 또 어떤가? B가 아주 성격이 강한 언니와 같이 살 때 집주인은 군말 없이 집수리를 해줬다. 그러나 대개의 주인들은 살고 있는 동안에 집에 돈을 안 쓴다.

잠시, C와 나를 설레게 했던 기사 하나는 반지하 거주자들에게 정부가 보조금을 준다는 것이다. 1인 가구의 경우 월 4만 3,000원을 주는데 지원대상을 최저생계비의 120퍼센트 미만인 자로 정하고 있다. 그게 63만 9,100원이다. 그래서 우리는 해당이 안 된다. 담당 공무원에게 물어보니 이 기준에도 불구하고 받는 사람이 있단다. 믿을 수가 없다.

"우리는 직접 꽃을 사러 나가기로 한다.
삶과의 투쟁 없이 평화는 없다."*

국가가 공급하는 집들은 지독한 가족주의에 묶여 있다. 신혼부부가 아니거나, 부양가족이 없는 이들은 무릎이 꺾인다.

* 『댈러웨이 부인』(버지니아 울프, 1925), 〈디 아워스(The Hours)〉(스티븐 달드리 감독, 2003).

결국 남자랑 사는 것이 안전하고 더 나은 주거 환경을 획득하는 길이라면, 계속 결혼을 강요받을 것이다. 가난해도 남자는 덜 위험하다. 여성들이 자기만의 방과 돈을 가지기 위해 국가와 사회가 나서야 할 때이다. 내가 스웨덴에서 태어났다면 세입자조합에 말해 임대료 협상을 잘해서 떼어먹힌 돈이나 집수리 등에 대한 부당한 대우를 받지 않았을 것이다. 공공임대주택 수준의 임대료만 내면 되니까, 10만 원만 내고 살 수 있을 것이다. 한국에만 있다는 이 독특한 돈벌이용 주거 공간을 없애고 아파트 값만 걱정하는 정치인들 대신 반지하 주거권에 대한 감수성 있는 자를 뽑겠다. 우리는 늑대들처럼 뭉칠 것이다. 주택법 제3조에서는 국가와 지방자치 단체가 국민이 쾌적하고 살기 좋은 주거생활을 할 수 있도록 노력해야 하며 주거가 복지임을 규정하고 있다. 법적 권리도 있겠다, 의젓한 인간으로서 진심으로 만족하면서 살 수 있는 그런 공간을 위해 나는 이 여자들과 같이 먹고, 놀고, 떠들고…… 살아갈 생각이다. ∞ 신기루

엄마 아빠, 다 거짓말이야

나는 흡연자라네

나는 담배를 피운다! 그까짓 기호식품 하나 섭취하는 것에 뭔 세기말 종말론 외치듯 문장을 불태운 이유는 이렇다. 나는 5년 동안 엄마, 아빠를 속이고 있다. 소심한 사람인 나는 성미가 치밀하여 흡연을 숨기기 위해서 대학 다닐 때부터 집에 가기 전에는 사물함이나 친구들에게 담배와 라이터를 숨겨 놓았고, 지금 엄마 집에 갈 때면 필히 사무실에 두고 간다. 혹시 가방에 잔류된 라이터를 발견하면 버스나 지하철 휴지통에 과감하게 버린다(무려 400원인데!). 버린 라이터만 모아도 한 달 방세는 되겠다. 집에 가기 전에는 손도 박박 씻고, 냄새 밴 옷은 바로 갈아입는다. 주인집에서 전기배선 공사나 갖가지 이유로 방에 들어올 일이 있을 때는(엄마에게 얘기가 전해질 수 있기 때문에) 룸메이트와 담배 숨겼냐는 확인부터 한다.

4년 동안 자취방에 부모님이 오는 일을 막았다. 물론 담배, 라이터야 숨기면 그만이지만 냄새는 남아 있다. 가족끼리 고기라도 구워먹고 아빠가 '식후땡'으로 담배를 피워댈 때면 목구멍으로 흡입되는 그 허연 공기가 부러워 한참 쳐다보기도 한다. 그까짓 담배 하나 안 피우면 그만이지, 그건 내가 제일 많이 생각한다. 왜 그놈에 담배를 피우게 돼서 이렇게 많은 고생을 해야 하나 싶다가도 친척들이 모인 설날 밤에 담배 피우러 유유히 나가는 또래 남자 친척을 볼 때면 그 친구와 나의 거리에 대해서 생각한다. 사실 그건 꽤 무섭고 슬픈 '거리'다. 누구에게는 콜라를 먹거나 커피를 마시듯 자연스러운 일이 누구에게는 이렇게 기약 없이 비밀로 치밀하게 숨겨야 하는 무엇. 그래, 나는 여자니까.

거짓의 역사

나는 엄마, 아빠에게 한 거짓말이 한두 가지가 아니다. 아니, 별로 '진실'을 나눈 적이 없다. 초등학교 때부터 거짓말을 입에 달고 살았다. 성적표를 숨기고 나중에 성적이 나올 거라는 둥, 아마 수학은 80점을 맞았을 것 같다는 둥, 수능 점수까지 속였다(이건 실패했다. 기어코 성적표를 찾았으니). 내가 거짓말한 이유는 간단하다. 그 많은 욕설과 압박을 받는 게 두려웠기 때문이다. 성적을 들킬 때는 좋아하는 텔레비전이 사라졌다. 대학 때는 연애를 하게 되면서 애인과 여행을 가고 싶을 때나 같이 있고 싶을 때 당연히 거짓말을 했다. 엠티를 가야 한다, 친구가 아파서 약을 사 가지고 가야 한다(이건 잘 안 믿었다), 새벽에 알바 때문에 나가야 한다(고 얘기하고 그 전날 다들 잠든 밤에 나간다. 동생이 잘 도와줬다) 등등 다양한 방법을 연구하고는 했다.

대학을 졸업하고 내 첫 일터는 기지촌에 있는 성매매여성 상담소였다. 엄마, 아빠에게는 의정부에 있는 사회복지관이라고 속였다. 한참 성매매특별법이 통과될 시기에 엄마와 아빠는 뉴스를 보며 성매매여성에 대해 입에 담지도 못할 말들을 했다. 당연히 그 여성들을 상담하는 곳이(심지어 기지촌이) 내 첫 직장이라는 것을 이해하지도 용납하지도 못할 것이 불 보듯 뻔한 일이었다. 초등학교를 다닐 때부터 질풍노도의 시기, 나의 첫 연애, 첫 직장 등 대부분 굵직한 삶의 주제에 엄마, 아빠는 빗겨나 있었다.

그저 '나'로 산다는 것

그런데 다시 생각해보건대 나는 거짓말하지 않았다. 그리고 중요한 것은 잘못한 것이 없다는 것이다(라고 믿는다). 내 존재가, 그냥 누구도 어쩔 수 없는 내가 살고 싶은 많은 것들이 거짓이 되어야 하는 순간들이 많았을 뿐이다. 숨겨야 내가 편하니까. 숨겨야 욕먹지 않으니까. 상대방이 듣고 싶어하지 않을 테니까. 거짓말이 반복된다는 것은 무서운 일이다. 들킬까봐 살펴야 하는 일이 많은 것도 문제지만 제일 큰 문제는 '자존감'이 떨어지는 것이다. 관계 안에서 반복적으로 거짓말을 하다 보면 자아는 움츠러들고 흠집 나기 마련이다. 치밀하게 숨기면 그만이 아니다. 숨겨야 하는 나를 단단하게 지키는 것이 더 어렵다.

여자들은 '비밀'의 의미를 알지

몇 년 전, 이유 없이 아팠던 때가 있었다. 이름 모를 병에 걸려 아플 때 이곳저곳 병원을 옮겨 다니다 다다른 병원에서 의사는 엄마와 나에게 조심스럽게 정신과를 가보면 어떻겠냐고 말했다. 충격 받은 엄마의 눈빛을 보며 처음으로 모든 것을 말하고 싶었다. 나는 이런 사람이고, 담배도 피고, 여성운동을 하고 싶고, 내 유년 시절은 많이 우울했다고. 억울함과 외로움이 뭉쳐서 일그러진 부위가 많은 것 같다고. 그렇지만 정신과를 가보라는 것부터가 충격인 엄마의 눈빛을 보고 생각을 접었다. 언젠가부터 14세인 막내 여동생에게 나는 모든 것을 말한다. 정말 모든 것을 말할 수 있다. 그리고 그게 어떤 것이든 꽁꽁 싸맨 동생의 모든 비밀과 거짓말을 나에게만은 말해주길 진심으로 바란다. 그러면서 그 친구를 사랑할 줄 알게 됐다. 나이를 떠나 여자들은 비밀의 의미를 안다. 아무한테도 말하지 말라는 떨림을 기억할 줄 안다. 엄마에게도 그러고 싶지만 아직은 이르다. 어떤 영화 장면처럼 옥상에서 쪼그려 앉아 담배를 문 엄마의 비밀을 듣고 싶다는 판타지도 있다. 거짓말 권하는 세상에서 나를 지키며 누군가와 연대하기. 이토록 어렵고 서글픈 숙제다. ∽ 꼬드래곤

‘오빠’가 뭐길래?

‘오빠’라는 말은 나에게 여전히 낯설고 간지럽다. 뿐만 아니라 ‘오빠’라는 호칭 앞에서 좋아 죽는 남자들을 볼 때면 그 장단에 홍을 맞춰주는 여자들이 밉살맞기까지 하다. 그러나 징그러 죽겠어서 입에 담기 싫은 그 말을 내가 밥 먹듯이 해대던 때가 있었으니, 그것은 바로 내 의지와 상관없이 아빠의 시장 선거를 도와야 했던 바로 그 비굴 모드 기간이었다.

2002년. 20대 중반을 갓 넘긴 나는 아빠의 선거캠프에서 정책 및 조직관리 업무를 맡았다. 조직 중에서도 특히 젊은 세대 조직을. 선거를 치러야 할 동네는, 내가 태어나 초등학교를 다닌 곳이기는 했지만 중/고등학교는 모두 다른 지역에서 다닌 덕에 지금껏 연락이 닿는 친구들은 전혀 없었다. 그런 선거판에서 젊은 조직을 새로 만들고 꾸리려고 하니 좋은 방법이 없는 터, 지역에서 학창 시절을 보낸 '오빠'들의 도움이 절실했다. 선거 사무실에서 만난 몇몇의 '오빠'를 시작으로 이 '오빠'들이 소개해준 지역에서 꽤 활동이 왕성한 다른 '오빠'들을 만나기 시작했고 이 '오빠들'의 모임도 만들었다. 일주일에 한 번씩 지역 모니터링 명목으로 만나 주제 토의도 하고 술도 먹는 그런 시간들이 이어졌다. 급박하게 굴러가는 선거판에서, 이 '오빠들'의 역할은 컸다. 학교 동창들 주소와 연락처를 알려주었고, 지역 온라인 커뮤니티를 소개시켜주었으며, 동창모임에서 내 아빠의 정책을 전했다. 지역 대학교 홈페이지 로그인 아이디를 빌려줬으며 단체메일 디자인은 물론 단체발송 프로그램도 짜줬다. 힘쓰는 일이 있을 땐 와서 도왔다. '오빠'는 친밀감 형성을 넘어 내 성(여성-여동생)을 십분 활용하는 유용한 도구였으며 오빠들은 여기에 순순히 응했다. 아는 사람이 단 한 명도 없는 동네에서 이 정도의 성과는 가히 놀랄 만한 것이다. 불과 한 달 만에 말이다.

가끔 돌이켜 자문해본다. 나 스스로 유용할 것이라 여겨 선택했던 전략적 호칭 '오빠'. 이 '오빠'가 과연 어떤 성과를

냈는지에 대해서 말이다. 그러나 나의 답은 다소 회의적이다. 가장 큰 이유 중 하나는 그 조직이 남지 않았다는 점이다. '오빠들'에게 여전히 내가 '여자-동생'인 이상 나의 영향력은 동생의 범위 안에 머무를 수밖에 없다. 한 달 반이라는 짧은 기간에 친해지는 데는 효과가 있었으나 그 친밀감은 '오빠-동생'이라는 상하 위계에 근거해 있기 때문에 더 나아갈 수도, 사회 문제를 고민하는 데 있어 진지해질 수도 없다. 관계가 깊어질 수 있다면 그것은 성적인 관계로의 발전일 뿐. 연인 혹은 나에 대한 찝쩍댐(실상 그렇기도 했다. 선거 기간 동안 나는 그 오묘한 줄타기를 해야 했다. 어떤 한 명의 오빠에게만 집중하거나 관심을 표명해서는 안 된다. 다른 모든 오빠들에게 여지를 주며, 나는 이렇게 외쳤다. "선거야, 선거야, 빨리 빨리 끝나라……").

그 오빠들 중에 살아남은 이가 있었으니, 다름 아닌 잔소리쟁이 내 남편이다. 사람과 사람의 관계는 처음 그 둘이 어떤 관계였느냐가 제법 큰 영향을 미치는데, '오빠'로 처음 호칭을 시작한 탓에 남편은 지금도 '오빠 대접'을 받고 싶어 한다. 결혼 후, 왜 내가 그토록 싫어하는 '오빠'라는 말을 당신과 만날 당시(선거운동 당시)에 남발할 수밖에 없었는지 설명하고, 그래서 호칭을 분명히 바꾸었음에도 불구하고, 남편은 "그때가 그립다"고 징하게 우긴다. 삶의 파트너로서 당신과 나 사이에 나이는 그야말로 숫자에 불과함을 이야기하고, 온전한 파트너십 구축에 나이 위계는 방해가 된다는 것을 알고 있음에도 불구하고, 그는 나를 '○○야'라고 부르고 싶어 하며 내게 '오빠~'라고 불리고 싶어 한다.

남편에 대한 호칭은 정리가 되었지만 문제는, 그 당시 만난 '오빠들'에 대한 호칭이 변할 기미가 안 보인다는 것. 만날 일이 거의 없지만 호칭을 바꿀 기회도 시간도 필요도 없던 탓에, 가끔 마주치기라도 할 때는 '오빠'라고 부르려니 여간 어색하고 꺼림칙한 게 아니다(더욱이 그 '오빠들'에게서 내가 더 이상 꿰어낼 것이 없지 않던가).

처음 만날 때의 호칭은 관계의 성격을 좌우한다. 호칭이 바뀌지 않는 한 그들과 나의 동등한 일대일 파트너십을 만들기는 어렵다. 그들이 나의 '오빠'이고 내가 그들의 '여자 동생'인 한 말이다. ∽ 달마

○

경계 밖과 안의 그들

어느 버스 안

초등학교 4학년 때의 일이다. 처음으로 혼자 버스를 타서이기도 하고 집으로 되돌아오는 길이 마냥 멀게만 느껴져서인지 버스 안 노선표를 외우듯이 쳐다보며 버스 좌석 손잡이를 양팔로 꽉 잡고 서 있었다. 그런데 좌석에 앉아 있던 사람이 갑자기 내 팔꿈치부터 손등까지 쓰~윽 쓰다듬으면서 내 손을 조몰락거리며 말했다. "어디까지 가? 힘들지? 여기에 앉아." 그러면서 자신의 허벅지를 툭툭 두드리고 있었다. 너무 놀라서 "아니에요" 하며 뒤로 물러서는데, 내 허리를 감

싸 당기며 다시 오른팔을 쓰다듬으며 "괜찮아" 그러는 것이다. 내 팔을 쓰다듬는 그 손이 만화에 나오는 악당의 손아귀인 양 힘겹게 뿌리치며 도망치듯 버스에서 내려 낯선 동네에서 한참을 헤매던 기억이 난다. 버스 안의 그 묵직한 손은 50대 초반에 이마가 꽤 넓었던 아저씨로 기억한다. 이전까지 나와는 성별이 다른 존재가 위협적일 수 있다는 것에 대해 생각지 못했으나 처음으로 남성, 특히 '중년 남성'을 두려운 존재로 인식하게 된 최초의 사건이었다.

어느 바닷가

친구들과 서해 바닷가 민박집에서 20대의 마지막 여름휴가를 보내고 돌아오는 날, 주차했던 차를 빼내야 하는데, 봉고차 한 대가 길을 애매하게 막고 있었다. 봉고차 주인에게 연락해 차를 좀 빼달라고 요청했다. 봉고차 주인은 근처의 컨테이너 박스 숙소에서 나오는 순간부터 우리를 향해, "운전도 못하는 것들이 차는 왜 가지고 다녀?", "그것도 못해?", "여자들이 무슨 운전을 한다고…… 여자들이란" 하고 7월의 햇살보다도 강렬하게 고래고래 고함을 질러댔다. 하얀 러닝셔츠와 꽃무늬 사각팬티만을 입고, 한낮의 반주로 붉어져 터질 것처럼 번들번들하던 얼굴로 우람한 작태를 자랑하며 길 한복판에 거만하게 서 있던, 40대의 그 '아저씨'. 차를 빼주지도 않으면서 우리를 향해 막무가내로 처음부터 끝까지 고성에, 반말이다. 너무 화가 나서 "반말하지 마세요!" 했더니 옳다구나, 대뜸 "야! 너 몇 살이야? 싸가지 없는 년" 하며 들어 올린 한쪽 팔의 손은, 손이 아니라 팔에 달린 삽 같았다. 순간 그늘이 드리워지고, 덥디 덥던 그 찰나에 써늘한 기운을 느끼며 아까보다 조금 낮아진 톤으로 "먹을 만큼 먹었어요! 왜요? 욕하지 말라고요!"라며 햇볕에 그을리고 있는 그 손을 째려보았던 기억이 난다.

그 공간을 벗어나자 온몸이 후들후들 떨렸고 '내가 어떻게 그렇게 말할 수 있었을까' 자문을 했을 때, '너무 지겨워서'라는 울림이 가장 먼저 떠올랐다. 서른이 되면서 생긴, 인생의 신작로를 어느 정도는 닦아놓아야 할 것 같은, 어른이 되어야 한다는 부담감도 있었으나 다른 한편으로는 '젊은 여자 아이'가 이제는 아니어도 된다는 그 안도감과 시원함이 가져다준 자신감이라면 좀 설명이 될까? 20대를 살아가면서 '젊은 여자 아이'이기에 겪었던 나이 지긋한 '어르신'들의 반말과 무례함. 그런 일상의 반복된 경험 속에서 터져나온 '이젠 좀 됐다'고, '더 이상은 듣기 싫다'고 하는 소리가 아니었을까 싶다. 그리고 이것은 내게 중년 남성과의 한판 승부를 벌인 최초의 사건으로 기록되었다.

다가 온 어느 시간에

IMF 당시 명예퇴직으로 안정적인 직장을 박차고 개인 사업을 시작한 오빠는 가족의 근심을 "걱정하지 마라, 잘되고 있다"는 말로 일축시켰고, 명색이 장남인 자신을, 누구도 부여하지 않았지만 집안의 가장인 자신을 믿지 못하는 우리를 책망하고는 했다. 그렇게 몇 해가 흐른 어느 날 집안은 휘청거리며 꼬꾸라졌다. 집안 재산을 탕진한 자신의 무능력함과 그로 인해 장남의 역할을 해내지 못했다는 자책감과 '못남'에 대해서 오빠는 소주잔을 들이키며 딱 한마디했다. "미안하다"고. 소주잔을 들이키는 오빠의 손은 내 손만큼이나 작아 보였다. 고생을 너무 많이 해서 검게 그을린 것은 아니나 그렇다고 떠받들려 살아온 손처럼 하얗지도 않은 누런 손, 세월의 무게만큼이나 닳은 손. 모나지도 매끄럽지도 않은 뭉툭한 손에 가슴이 먹먹했다.

이제껏 놓지 않았던 가장의 권위 대신 자신의 과오를 인정하며 꾸밈도 과장도 없이 아픈 속내를 드러낸 오빠. 이전에 내가 경험한 중년 남성과는 전혀 다른 또 다른 '중년 남성'을 최초로 만난 날로 기억한다.

내 관계망 속의 '중년 남성'

상담소에서 일하면서 몇 해 전 상담한 사건 중에 오빠가 근무했던 사업장이 있었다. 직장 내 폭력 상담이었는데, 상담을 받는 순간부터 오빠가 그 사건에 연루되어 있는지 여부를 확인하기까지 물 한 모금 제대로 넘기지 못했다. 밤잠을 설친 추적조사 끝에 오빠가 그 사건과 아무런 상관이 없다는 것을 알고 나서 처음으로 두 손 모아 말했다. "하느님, 너무 감사합니다"라고.

나의 일상에 촘촘히 얽혀 있고 친밀한 관계를 형성하고 있는 가족(친인척) 중에 누구이거나, 친한 선배, 동년배 친구가 내 불쾌한 경험 속에 있는 '중년 남성'이 될 수 있는/되어가는/되어버린 현실과 마주했을 때 느끼는 당혹감은 공포에 가까울 정도다. 내게는 익숙하고 친밀한 그들이 밖에서는 누군가에게 내가 받았던 것과 같은 불편함을 주는 존재라는 사실을 어떻게 받아들여야 하고 또 나는 그들과 어떻게 소통해야 하는가에 대해 나는 아직 답이 없다.

그래서 때때로 비인간적인 야근과 자격증 시험 준비로 인해 회식 자리를 안 가는 오빠의 모습에 왠지 모를 안도감을 느끼고, 술 대신 마라톤에 취미를 가져 술자리에는 얼씬도 안하는 그의 생활 패턴에 감사해한다. 내가 보기에 이미 어느 자리이건, 어느 순간이건 문제를 일으킬 수 있는 존재가 되어버린 내 가족의 '중년 남성'들이 문제를 발생시킬 수도 있는 상황이 최소화되는 것에 그나마 안도감을 느낀다.

나에게 '중년 남성'은 언제나 위협적이고, 물리력을 행사하던 존재, 가까이하고 싶지 않은 존재로, 그들은 늘 내 '경계 밖'의 존재였다. 그러나 어느 순간 내 '안'으로 중년 남성인 가족들이 들어오면서 안과 밖의 경계가 모호해지고 있다. 한편에서는 중년 남성인 내 가족이 사회공동체의 누군가에게 불쾌함을 주는 경계 밖의 사람이 되지는 않을는지 늘 불안해하고, 한편에서는 흔들림 없이 거만했던 그들의 '나약함'과 '힘겨움'의 모습이 나를 먹먹하게 만들고는 한다.

모호해진 안과 밖의 경계에서 아직 나는 그들과 얼마큼 잘 소통하며 잘 지낼 수 있을지 모르겠다. 사실 정답이 없을 것 같기도 하다. 때로는 적극적으로 토론을 하거나, 싸우거나, 어쩔 때는 아연실색할 정도의 말을 듣고 절망하여 대화를 순간 포기할 수도 있겠고, 때로는 소원해질 수도 있겠다. 그래도 중요한 것은 함께 잘 살기 위한 답을 찾아가는 과정을 포기하지 않는 것이 아닐까 싶다. ∽ 꼭지

교회, 침묵을 말하다

어느 대형 교회 목사가 여성 신도를 성폭행했다는 뉴스는 이제 우리에게 그리 낯설지도 않다. 기독교 여성상담소에 따르면 상담 사례 중 목회자에 의한 성폭력이 가장 많으며 이외에도 성가대 지휘자, 장로, 혹은 어느 선교 단체의 리더에 의한 경우도 종종 있다고 한다. 하나님의 뜻에 순종하는 것을 최고의 미덕으로 여기는 신앙 공동체에서 리더로 일하는 사람들은 주님의 일을 한다는 명목으로 신도들에게 절대적인 신뢰의 대상이 된다. 그리고 어느 순간 그들 스스로도 마치 자신이 하나님의 뜻을 대변하는 특별한 신적 권위를 부여받은 자처럼 행세하며 자기 말에 순종해야 하나님의 복을 받는다고 윽박지르는 지경에 이른다.

교회는 이처럼 권력 관계가 굳어진 조직이고 그러기에 권력을 행사하기 쉽다. 이런 조직에서 권력을 가진 위치에 있는 자에 의한 성폭력 피해 사실을 말한다는 것은 신의 뜻을 따르는 자에 대한 도전으로 여겨지고, 피해자는 신성한 공동체를 음해하고 와해시키는, 악한 영의 지배에 넘어간 죄인으로 치부된다. 설사 피해 사실을 인정해주는 사람이 있더라도 신앙의 힘으로 잘 극복하도록 돕는 일 외에 공적인 해결 방법을 떠올릴 만한 경험적 판단 근거를 찾기 힘들고, 그러한 역할을 할 기구나 장치도 거의 없는 실정이다. 그렇기에 셀 수 없이 많은 교회에서 그 피해는 침묵 속에 가라앉고 또 가라앉는다. 예수가 말한, 천하보다 귀하다는 한 사람의 영혼이 예수를 따르는 자들의 무리에 의해 잠식되고 파괴되고 있는 것이다.

교회가 이 침묵을 깨는 것이 얼마나 필요한 일인지, 그리고 그러기 위해 하나하나 해결해나갈 과제가 얼마나 많은지 요즘 피부로 느끼고 있다. 최근 내가 다니고 있는 교회에서 교우 간 데이트 성폭력 사건이 발생했고, 그 문제를 공동으로 해결하기 위해 의지를 지닌 이들과 애쓰고 있는 중이다.

우리 교회에는 이런 문제가 발생했을 때 지침이 될 만한 내규 같은 것이 아직 없다. 그래서 해결을 위해 어떻게 판단하고 접근해야 할 것인가에 대해 서로 다른 입장이 첨예하게 부딪히며 상처를 주고받는 경험을 했다. 그래도 다행인 것은 피해자가 피해 사실을 밝히고 문제제기를 했을 때 침묵하지 않은 사람들이 있었다는 사실이다. 우리는 이번 사건을 접하면서 교회 내 반(反)성폭력 내규를 만드는 일을 더 이상 미루지 않기로 했다.

하지만 그보다 더 중요한 것은 그 합의를 끌어내기 위해 거쳐야 하는 과정일 것이다. 깊이 뿌리박힌 남성 중심적이고 왜곡된 인식을 성찰할 기회를 만들고, 성적 자기결정권의 의미를, 자신의 욕구와 상대의 욕구가 부딪혔을 때 폭력적이지 않은 방식으로 조율하는 과정이 무엇일까를 같이 이야기하는 과정들 말이다.

이런 과정을 통해 많은 것을 배우고 있다. 피해자가 침묵을 깨고 나서서 적극적으로 말하는 용기가 얼마나 중요한지, 그리고 그것을 받아 안은 공동체가 어떤 지점을 놓치지 말아야 하는지, 혼란 속에서 명확한 판단을 위해 소통이 얼마나 중요한지, 해결책을 모색하기 위해 얼마나 긴 시간과 끈질긴 노력이 필요한지를 경험하고 있는 중이다. 그리고 교회의 상담자로서 가장 중요한 위치에 있는 목회자의 인식이 얼마나 중요한지도 다시금 생각해보게 되었다.

피해자를 대변하는 위치에 서게 되면서 나 자신에게도 질문하게 된다. 다른 이의 삶과 아픔에 공감하며 함께하기 위해 애쓰면서도, 그런 내가 '내 감정에 귀를 기울이고 나를 돌보는 훈련이 얼마나 잘되어 있는 사람일까' 하는 의문이 들자 과연 내가 피해자에게 필요한 역할을 잘하고 있는 것인지 자신감이 없어지기도 했다. 그러나 시간이 지나면서 피해자와의 관계에서 나 자신을 일방적으로 도움을 주는 사람으로 여기는 부담을 버려야 함을 깨달았다. 피해자는 내 부담감을 걱정해주며 같이 해결해나가는 과정 자체가 엄청난 기적을 이루는 것이라는 확신을 나에게 심어주었고, 언젠가 우리가 웃으면서 말할 수 있는 날이 올 거라고 오히려 나를 위로해 주었다.

직면해야 할 것들을 피하지 않고 아프더라도, 실수하더라도 끙끙거리며 그 속으로 들어가보는 것. 그렇게 배워가는 여정을 통해 교회의 일원들이 모두 같이 성장할 수 있었으면 좋겠다. 그리고 지금 우리 교회가 겪고 있는 이 성장통이 또 다른 어느 교회의 성장에 맞닿을 수 있도록, 남겨진 과제들을 힘 모아 잘 풀어갈 수 있기를 바란다. ∽ 나온

○

얼굴 없는 (성)폭력

나는 한 달 전쯤 귀갓길에 '변태'를 만났고, 경찰을 '독촉'해서 그를 잡았다. 단지 그렇게 단순화하기에는 뭔가 걸리는 몇 가지 구석들이 있다. 경찰은 이 상황을 어떤 태도로 대응했는가, 가해자는 어떤 법적 근거로 처벌을 받게 되는가, 무엇보다 '변태'와 마주쳐서도 '꿋꿋하게' 잘 잡았으니, 나는 괜찮은가?

사건 개요: 동네 어귀와 경찰서 풍경

쌀쌀해지기 시작한 겨울 문턱의 어느 밤, 나를 향해 페니

스를 꺼내놓고 주물럭거리면서 파란 마스크로 얼굴을 가린 한 남자와 마주치는 순간 즐거운 내 귀갓길은 퇴색되고 말았다. '이건 뭔가 아니지' 싶은 찰나 거의 반사적으로 내 발걸음은 그 사내를 향했다. 전혀 두려움이 없었던 것은 아니지만, '변태들'과 유달리 '질긴 인연'을 통해 쌓인 '회한'을 풀고 싶은 본능적 욕구와 단지 '이대로 그냥 지나칠 수는 없다'는 동물적 판단에 경도된 반사적 행동이었다. 동시에 '파란 마스크'도 '이건 뭔가 아니지' 싶었는지 뒷걸음질을 치더니 이내 내달렸다. '파란 마스크'는 골목 어귀에서 순식간에 사라졌다. 멀리 가지 못하고 근처 건물 안으로 숨었을 것이 분명했지만, 밤이었고 내 체력을 자신할 수 없었던 터라 혼자 쫓아 들어갈 엄두는 나지 않았다.

일단 현장을 '사수'하기 위해 그 자리에 지키고 서서 112에 도움을 요청했다. 그리고 경찰을 기다리면서 스멀스멀 일깨워지는 두려움을 쫓기 위해 Y양에게 전화를 걸었다. 허세를 부리고 있었지만 사실 의지할 곳을 찾아 전화를 한 것이다. 한참 통화를 했는데도 경찰은 나타날 기미가 없었다. 다시 '독촉' 전화를 했더니 '아직도 그 자리에 계시냐?'는 엉뚱한 대답이었다. 경찰은 결국 112에 연락한 지 거의 15분이 지나서야 나타나셨다. 그래도 이번엔 '독촉' 전화 덕분에 빨리 온 셈이다. '변태 목격' 사건으로 경찰에 신고를 하면 대체로 한참이 지나서 경찰에게 연락이 온다. 그리고 대개의 경우 "근처를 수색했는데 '수상한 자'를 발견하지 못했다"는 결과를 고지받는다. 그런 뻔~한 순찰 결과를 통보받을 때면 답답하기 짝이 없다. '여성'을 대상으로 그러한 '폭력'을 행사하고, 손쉽고 재빠르게 범행을 감추어 '평범한 남성'으로 변모하는 그가, 느리게 대응할 뿐만 아니라 '남성'인 경찰의 눈에 '수상한 자'의 모습으로 보일 가능성은 거의 없을 것이다.

늦게 나타난 두 경찰은 건물 뒷마당에 숨어 있던 '수상한 자'를 찾아냈다. 내가 봐도 이 사람이 '그런 짓을 했을까' 싶을 정도로 참 '평범한 남자'였다. 보통 체격, 어두운 색의 옷, 그저 그런 특색 없는 얼굴. 그리고 마치 무슨 영문인지도 모르겠다는 듯이 땀을 뻘뻘 흘리며 경찰에게 "왜 그러시냐?"만을 연발하는 '자연스러운 능청'까지. 경찰은 내게 "증거가 될 만한 것이 없어 내가 유일한 증인인데, 만일 그 사람이 아니면 내가 무고죄가 될 수 있다"는 '충고'도 아끼지 않았다. 나는 경찰과 그 남자가 숨어 있던 곳 주변에서 파란색 마스크를 찾아냈고 드디어 '파란 마스크'를 잡았다.

지구대에서 진술서를 작성하면서 나는 조금 '흥분'해 있었다. '이번에는 잡았구나!' 스스로 살짝 '대견'하기도 했다. 그리고 '파란 마스크'가 어떤 처벌을 받게 되는지 궁금했다. 경찰은 인근 지구대에서도 유사한 신고들이 있었는데 '동일범'의 소행으로 보고 있다며, 그렇게 되면 꽤 큰 금액(몇 백만 원 정도)의 벌금형은 받게 될 거라고 '큰 건' 하나 잡은 듯이 힘주어 대답했다. 곧이어 인근 지구대 경찰들이 시끌벅적 몰려왔다. 한결같이 '파란 마스크'에게 "어떻게 그런 짓을 할 수 있냐"고 으름장을 놓으며 동시에 내 안위를 걱정하는 듯한 태도를 보였다. 유사한 신고는 잦지만 정작 잡은 적은 없었던 것인지, 나뿐만 아니라 경찰들도 꽤나 '흥분'해 있었다. 나는 덕분에 이런 사건이 이 동네에서만도 거의 날마다 벌어지고 있으며, 잦은 신고에도 불구하고 경찰들의 대응이 얼마나 무력한지 다시 한 번 확인했다.

'파란 마스크'는 공연음란죄?

다른 방에서 '파란 마스크'를 조사하고 있던 한 경찰이 이쪽 방에 건너오더니 고참 경찰에게 이번 사건을 성폭력특별법에 의거해서 처벌할 수는 없냐고 물었다. 고참 경찰은 '추행'이 아니기 때문에 성폭력특별법에 해당되지 않으며 형법상의 공연음란죄에 해당한다고 짤막하게 대답했다. 순간 '잡았다'는 '성취감'에 빠져 미처 생각하지 못하고 있던 문제들이 일시에 덮쳐오는 듯한 느낌이 들었다. 단지 그 놈을 잡고 싶다는 것에 '집착'했던지라 막상 잡으면 어떻게 처벌되는 것인지에 대해서는 무지했고 그냥 경찰이 '알아서 잘' 처리해줄 것이라고 믿었나 보다.

용기에 객기까지 발휘해가며 드디어 잡았는데, 잡고 보니 나는 '왜 그토록 그들을 잡으려고 했던 걸까?'를 되묻지 않을 수 없었다. 성폭력특별법에 저촉될 수 있는 추행이라고 강하게 주장하고 싶은 생각은 아니더라도, 단지 공연음란죄라고 하기에 '이건 뭔가 아니……'지. 감각적으로 '음란'이라는 말은 선정성 논란, 음란유해물질 시비 등과 같은 사회적 의제 속에서 그 의미가 보다 구체적이고 분명하게 이해된다. 나아가 국가 권력에 의한 사회통제, 성적 통제의 아우라를 짙게 풍긴다.

공연음란죄(형법 245조)는 말 그대로 "공공연하게 음란한 행위를 하는 죄"이다. '성적인 도덕 감정을 해하는 죄로서 건전한 성적 풍속 내지 성도덕을 보호하려는 데 목적이 있다'고 한다. '공공연하게'란 불특정 또는 다수인이 알 수 있는 상태를 말하며, 타인이 그것을 인지했는지와는 상관없다. '음란행위'는 성적인 흥분 또는 만족을 목적으로 하는 행위로서 선량한 풍속에 반하여 사람에게 수치감/혐오감을 주는 행위를 말한단다. 즉 불특정 다수인이 인식할 수 있는 상태에서 행해지는 '음란'한 행위 자체가 죄가 된다는 말이다. 이 법에 따르면 타인의 눈에 띌 수 있는 장소에서의 연인 간의 성적 행위는 공공연한 '음란행위'로 죄가 될 수 있으며, 다수 앞에서의 스트립쇼도 이 죄에 적용된다.

아무도 보지 않았다거나 누군가에게 피해가 되지 않았다고 해서 죄가 아닌 것은 아니다. 그냥 그런 음란한 행동 자체가 죄라는 거다. 골목에서 벌이는 연인들의 찐한 애정 행각과 골목에서 마스크로 얼굴을 가린 채 지나가는 '여성'을 향해 성기를 내보이며 모종의 만족감을 얻으려는 행위가 '공공연한 음란행위'라는 동일한 범주의 죄에 해당되는 것이다. 그런데 길에서 우연히 어떤 연인의 찐한 애정행위 장면을 목격했을 때와 어두컴컴한 골목에서 나를 향해 페니스를 내놓고 서 있는 남자를 목격했을 때 드는 느낌이 같은가? 그것이 단순히 음란한 행위를 목격한 데서 오는 동일한 성질의 수치심이나 혐오감이란 말인가? 형법에 따르면 "음란행위란 사람의 성욕을 자극 또는 흥분시키는 것으로서 보통 정상인의 성적수치심을 해하고 선량한 성적 도의관념에 반하는 행위"다. 이 법을 통해 추구하는 목적은 선량한 성도덕 내지 성풍속이라는 사회 일반의 이익이라고 한다.

역시나 이건 뭔가 아니지 싶다. 내가 그들을 기필코 잡아야 한다고 생각했던 이유는 공연음란죄의 범주 안에서 설명되지 않는다. 내가 그들을 잡아야겠다고 다짐했던 이유가 공공연한 장소에서의 '성기 노출' 행위를 사회적 풍속을 저해하는 '음란한 것'으로 보았기 때문은 분명 아니다. 더군다나 '선량한 사회적 도덕관념'에 입각해 '건전한 사회'를 만들기 위해 '파란 마스크'를 쫓아갔던 것도 아니다. 진술서를 작성하고 경찰의 조사 과정에서 경찰이 나에게 그 당시 어떤 감정을 느꼈냐고 물었을 때, 나는 화가 났다고 대답했다. 그런데 경찰은 수치심을 느꼈냐고 다시 물었다. 수치심. 사전에는 '남 보기가 창피하고 부끄러움'이라고 정의되어 있다. 왜 '파란 마스크' 때문에 내가 창피하고 부끄러워야 하는 거지? 내 감정을 한 단어로 응집시키기 어렵고 그런 종류의 수치심이라고 하기에는 '이건 뭔가……' 좀 걸리지만, 백 보 양보해서 '수치심'이나 '혐오감'이었다고 하자. 그렇다면 왜 나는 '수치심'을 느꼈을까? 내가 본 페니스와 '성기 노출' 행위가 단지 볼썽사납고 음란하다고 생각했기 때문인가?

사실 가장 먼저 든 생각은 '아~ 또야~', 그리고 순간적으로 화가 났다. 그 후로도 웅크리고 숨어 있다가 땀을 삐질삐질 흘리며 경찰에 붙들려 나온 '파란 마스크'가 떠오를 때마다 더욱 화가 치밀어 오른다. 잡힐까봐 땀을 삐질거리며 숨어 있던 그 '소심한' 남자도 여성인 내 앞에서는 페니스를 내밀고 '힘'을 발휘하며 '만족감' 얻을 수 있다고 생각했다는 것 아닌가. 그가 연출한 상황에서 나는 내 의지와 상관없이 무기력하고 성적인 존재로 대상화되고 있었다. 그 지점에서 여성으로서의 내가 우습게 여겨지고 있음을 몸으로 느끼며 '수치심', '굴욕감', '분노'를 생생하게 경험했다. 그 남자가 의도한 상황과 시선을 통해서 내가 원치 않는 성적 대상이 되고 있다는 느낌은 자아가 쪼그라드는 느낌이며 '위축감'으로 연결된다. 그리고 스스로가 위축되는 그 상황은 몸과 뇌리에 각인되어 두려움과 공포를 유발하게 된다. 이 문제는 인격적 모독이자 성폭력의 연장선에 놓여 있는 것이다.

신경증: 너도 '파란 마스크'?

이후에 '파란 마스크'가 어떤 형사처벌을 받았는지는 모른다. 하지만 나에게 그날의 상황은 깨끗하게 정리되지 않은 채, 가끔 '울화'가 치밀어 오르는 기억으로 남았다. 그 당시에 내 행동은 '용감'했을지도 모르겠다. 그렇지만 아무런 '공포'나 '피해'가 없는 것은 아니다. 그 경험으로 인해 나는 그 길을 지날 때마다 '파란 마스크'를 떠올려야 했고, 밤에 그쪽 길을 다니는 것은 좀 꺼려졌다. 특히 그날의 경험은 내가 '폭력'에 취약하며 무방비로 노출될 수 있다는 불안감을 불러일으켰다.

단지 '성기 노출'뿐만 아니라 불특정한 사람으로부터 가해질 수 있는 불특정한 폭력들이 연상되며 내 행동이 위축되었다. 한 번은 혼자 골목길을 걷고 있었는데 저 멀리서 중년의 한 남자가 손에 무엇인가를 쥐고 걸어오고 있었다. 자꾸 손에 쥔 것이 신경 쓰였다. 혹시 위협을 가하거나 위해를 할 수 있는 '무기' 같은 것은 아닌지, 신경 하나하나가 곤두서는 느낌이라니. '무사히' 중년의 남자와 지나친 다음 안도감과 함께 밀려오는 것은 신경쇠약증에 대한 걱정, 그리고 잡는 것으로도 끝나지 않는 '파란 마스크'에 대한 '분노'였다. ∽ 펭

운이 좋아 살아남은 나는, 인간입니다

나는 운이 너무나 좋았다. 권위적이거나 폭력적이지 않은 아빠, 강요하지 않는 엄마 사이에서 태어났고, 부모님께 보호와 돌봄을 받을 수 있었으니까. 똑똑하고 능력 있는 언니들과 힘센 오빠도 있어 학교에서 다양한 특혜(?)도 누렸다. 하지만 가족이 나를 항상 지켜줄 수는 없었다.

초등학교 1학년 청소시간, 한 남학생이 내 가랑이를 만지고 지나갔다. 어쩔 줄 몰라 가만히 있었는데, 며칠 후 청소시간에 비명이 들렸다. 그 남학생이 다른 여학생을 만졌고, 여학생이 소리 지르며 운 것이다. 남학생이 내 몸을 만졌을 때가 아닌 여학생의 비명을 들었을 때, 마음이 다쳤다. 그리고 알았다, 가만히 있으면 안 된다는 것을.

중학교 2학년 때 전철에서 내가 내려야 하는 출구 쪽으로 자리를 바꿔준 친절한 아저씨가 내 골반을 잡고 끌어당겨 몸을 밀착시키고 '씰룩씰룩' 거렸다. 토할 것 같았다. 하지만 토 대신 침을 모아 문이 열리자마자 있는 힘을 다해 그놈에게 침을 뱉고는 죽을 듯이 달렸다. 다행히 따라오진 않았다. 그때는 마음이 다치지 않았다. 그리고 알았다, 복수는 바로 해야 한다는 것을.

그 후 성추행을 당했을 때 바로 대응할 수 있게 되었다. 나는 타고난 '운'을 기반으로 대한민국에서는 드물게 '건강한 사람'으로 성장한 것 같다. 하지만 '건강함'을 유지하기 위해서 많은 것을 포기해야 했다. 가부장적인 남성들에게 인정받기, 사회적 기준의 성공, 부 같은 것 말이다. 하지만 괜찮다. 젠더 위계를 옹호하는 사람들에게 분노하기보다, '못 배워먹어서 그렇구나' 생각하며 친절하게 가르쳐줄 수 있는 내공이 조금씩 생겼으니까.

살아남기 위한 노력은 계속됐다. 나를 해치려는 사람을 만났을 때 밀치고 도망갈 수 있도록, 그놈보다 더 빨리, 오래 달릴 수 있도록 근력운동과 마라톤을 한다. 즉각적으로 대응하고 소리 지르고 도망가는 훈련인 '자기방어 워크숍'도 들었다. 작업실에 혼자 있을 때는 문을 이중으로 잠그고 있는다. 점점 몸매를 드러내는 옷을 자제한다. 이게 바람직한 일인지는 모르겠다.

그리고 이렇게 몸과 마음을 함께 단련해도 갑자기 들이미는 칼은 피할 수가 없다. 갑작스레 내리치는 망치도 피할 수 없을 것이다. 만약 운 좋게 칼이나 망치로 맞고 살아남았대도, 경찰은 가해자가 '조현병'이 있거나 '술에 취해' 의식이 없었거나 '죽일 의도가 없었다'며 선처해주겠지? 언론은 가해자가 얼마나 살기 힘들었으면 그랬겠냐고 동정도 할 것이다. 나는 뭘까? 그냥 밟혀죽어도 어쩔 수 없는 벌레일까?

나는 밤늦게 다녀도, 술에 취해도, 혼자 여행 다녀도 안전할 권리가 있는 '인간'이다. 옷을 어떻게 입든 시선강간을 당하지 않을 권리가 있고, 어느 화장실이든 두려움에 떨지 않고 다닐 권리가 있고, "여성/약자이니 네가 조심하라"는 말도 안 되는 말을 듣지 않을 권리가 있다.

위계 없는 관계를 경험해보지 못해서, 다양성과 비폭력의 가치를 알지 못해서 '약육강식'의 원시사회를 그리워하며 폭력을 정당화하는 사람들이 줄어들면 좋겠다. 강하게 표현하지 않아도 알아들을 수 있는 사람들이 더 많아졌으면 좋겠다.

"살아남은 우리 모두 '인간답게' 살아가기 위해 힘냅시다!"

ᔕ 화사

혼자 사는 여자

'그'와의 긴 동거*

'집그리마'라는 생물이 있다. 독자 여러분의 심신안정을 위해 이미지를 첨부하지는 않겠다(궁금하면 포털에서 검색해 보시라. 단, 그 이후는 책임 못 짐). 어느 지역에서는 '돈벌레'라고도 불리는 모양인데, 이틀에 한 번 꼴로 내 집에 출몰하고 있으나 나는 아직 돈푼 구경도 못했으니 '돈벌레'라는 것은

* 제목은 장경섭의 장편만화 『'그'와의 짧은 동거』에서 따왔다. 이 만화에서의 '그'는 바퀴벌레다.

낭설이 틀림없다.

이 녀석이 처음 등장한 것은 이사 온 지 일주일이 채 안 되었을 때다. '혼자'라는 데 빨리 익숙해졌던 나는 벌레 보고 소리 질러봐야 아무도 도와주지 않는다는 사실을 잘 알고 있다. 그러나 아무리 혼자라도 슬리퍼든 신문지든 퍽퍽 쳐 죽일 만한 강단은 없다. 그리하여 집에 구비한 필수품목이 레이○. 레이○가 다 떨어지면 마음이 불안해 집에 왔다가도 슈퍼로 돌아가고는 했다. 남자보다, 룸메이트보다 든든한 레이○. 누군가 누구랑 사냐고 물어보면 레이○랑 산다고 할 테다.

바퀴벌레든 거미든 뭐든 나타나기만 하면 이걸로 '익사' 시켜 버리고야 마는 벌레 공포증 때문에 이 녀석들도 처음에 나한테 숱하게 당했다. 그러나 먼저 간 동료들의 죽음을 항의하러 오는 건지, 먼저 있던 녀석들이 새끼를 친 것인지, 지치지도 않고 나타났다. 그들의 충해(蟲海)전술에 지칠 대로 지치고서야 나는 마침내 녀석들에 대해 알아볼 마음이 생겼다. 녀석들의 이름을 알게 된 것은 바로 그때. 겨울이 되기 전에 자주 나타난다는데 집에 있는 음식 찌꺼기를 먹기 위해서가 아닌가 싶다고. 그에 더해 나는 백과사전도 알려주지 않는 녀석들의 성품을 알고 있다. 밝은 곳을 싫어해 갑자기 불을 켜거나 비추면 도망가거나 꼼짝 않는다는 것, 겨울 직전뿐 아니라 사시사철 들어온다는 것, 그 많은 다리 숫자에 걸맞게 엄청나게 빠르다는 것. 그런데 어라? 어디에도 녀석들이 '해충'이라는 얘기는 없다. 그때부터 시작된 나의 '철학적' 고민. 혐오스럽게 생겼다는 이유만으로 저 녀석들에게 스프레이를 살포하는 게 맞을까? 어차피 재네가 살던 지역에 시멘트와 벽돌로 '집'이라는 걸 지은 것은 인간 아닌가. 내가 지금 이 집에 살고 있다고 해서 재네들에게 이 공간에 대한 독점권을 주장해도 되는 것일까? 등등등.

귀뚜라미든 거미든 뭐든, 일단 눈에 띄면 헉! 하고 얼었다가 레이○부터 찾았던 습관은 서서히 사라져 갔다. 이젠 집에 들어와 불을 켰을 때 녀석들이 보이면 "갑자기 불 켜서 놀랐지? 얼른 구석으로 사라져라~" 하고 말도 건넨다. 하도 빨리 다니는 통에 깜짝깜짝 놀라는 것은 여전하지만 그래도 마음을 열고 보니 1센티가 될까 말까 한 새끼는 제법 귀엽기도 하다. 그렇지만 아직 녀석들과 친해지지는 않았다. 인간하고도 안 친한데 새삼 벌레들과 친해지고픈 마음도 없고. 하지만 내년에 이사 가면, 이 녀석들이 조금, 아주 조금은 그리울 것도 같다.

집을 고르는 기준

기숙사 빼고, 하숙 빼고, 오빠랑 잠시 살았던 거 빼면, 나의 '혼자 살기'는 1999년 2월로 거슬러 올라간다. 갓 지어진 원룸 건물의 햇빛 잘 드는 2층 방은 겉보기에는 그럴듯했으나, 한 층에 보일러 하나만을 돌렸던 관계로 겨울 난방비가 월 7~8만 원이었다. 그리하여 다음 번 집을 고르는 기준은 '개별난방.' 그리고 2년 뒤, 살던 집보다 약간 큰 방을 구했다. 물론 개별난방 되는. 하지만 방습공사를 제대로 하지 않은 집의 1층은 지하방보다 조건이 나쁘다는 걸 머잖아 알게 되었다. 뭐든 잘 버리지 못하는 성격 탓에 늘어만 가는 짐은 어떻고. 그럼에도 불구하고 그 집에 5년이나 살았던 건, 2년은 계약 때문에, 2년은 이사비용 아까워서, 1년은 방을 내놨는데도 안 빠져서다. 6년째 되던 해 결국 소송을 걸고 주위의 도움으로 이사를 나오게 되었기 때문에, 다음 집을 고르는 기준은 '그 집만 아니면 돼!'였다.

주거지로는 별로 적합하지 않은 오피스텔을 거쳐 이 집에 이사 온 지 1년 6개월이 되어간다. 비탈진 자리에 지어진 건물의 1층, 서류상으로는 지층인 방 3개짜리 오래된 집. 이로써 마침내 나는 '원룸촌'이 아닌 '주택가,' 그러니까 1인 가구

중심 마을을 벗어나 다인 가구가 대세인 지역에 입성하게 되었다. 설명하기는 어렵지만 뭐랄까, 왠지 '정착'한 듯한 느낌. 덕분에 이삿짐을 부리고 드러눕자마자 천장이 쿵쾅쿵쾅 울렸을 때도 좋기만 했다. 아, 이런 게 사람 사는 집이구나. 히죽…… 딱 한 시간만 좋았다.

어른이고 아이고 할 것 없이 울려대는 걸 보면 이 집에 구조적인 문제가 있는 것이 분명하다. 하지만 그런 문제가 있다는 것을 알면 서로 좀 조심해줘야 할 텐데, 우리 윗집은 그럴 생각이 전혀 없으시다는 게 문제. 그래서 두어 번을 올라가 봤다. 시큰둥한 반응. 외려 별 예민한 애도 다 보겠다는 눈치다. 그때 나 솔직히 생각했다. 내가 남자라면 저런 반응 안 보였을 텐데. 그러나 심증만 있고 물증이 없으니 다시 쫓아 올라갈 생각은 못하고 아침부터 밤중까지 날이면 날마다 벌어지는 윗집 아이들의 10미터 달리기(100미터 달리기라고 하고 싶지만 집이 100미터는 아니니까. 흑.) 소리와 그 아이들을 돌보는 엄마의 쿵쾅거림을 고스란히 감내하고 있다.

층간소음과 관련한 '여자 혼자 사는 설움'을 윗집에 항의하러 갈 때만 느끼는 것은 아니다. 층간소음은 내 집이 조용할수록 더 크게 들린다. 밥 하고 설거지 할 일도, 청소기, 세탁기 돌릴 일도 별로 없는 혼자 사는 여자네 집은 그래서 층간소음에 무방비로 노출된다. 텔레비전 소리 정도로는 까딱없기에 나는 본의 아니게 일중독자가 되고 있다(휴일에 쓰고 있는 이 글도 원래는 집에서 쓰려다가 사무실에 나와서 쓰는 중이다).

텔레비전에 나오는 아파트 광고를 보면 집을 고르는 기준은 건설사 이미지, 시장성, 프리미엄, 웰빙, 있는 사람들끼리의 교류, 뭐 이런 것들인 것 같다. 그러나 내가 다음 집을 고르는 기준은 '꼭대기층'이다. 왜 '층간소음 없는 집'이 아니냐고? 층간소음 없도록 지은 집(대개 새로 지은 아파트들)에 들어갈 돈은 없으니까 그렇지, 뭐.

원룸이 비쌀 수밖에 없는 이유, 그리고……

나는 알고 있다. 〈엄마가 뿔났다〉에 나오는 김혜자 아줌마가 '휴가'를 간 그 원룸의 허상을. 우선 '원룸'이라는 시설 자체는 대학가 정도는 가야 있다. 변두리 아무리 뒤져봐라. '원룸'의 수요는 한정되어 있기 때문에 대학생들이나 젊은 직장인들이 많이 사는 지역에서 벗어나면 눈을 씻고 봐도 없다.

그럼 대학생들이 많이 사는 지역은? 대개 대학가나 시내, 지하철역 근처 등등이다. 그러니 원룸 전월세비는 비쌀 수밖에. 참고로 지난 번 이사에서 알아보고 다녔던 콩알만 한 원룸은 전세로 터무니없는 금액을 불렀다. 그러니 텔레비전에 너무 싼 멀끔한 집들이 나오면 나도 모르게 툴툴거린다. "저런 집 있으면 소개해줘봐라. 당장 이사 들어간다."

내년 봄, 또다시 이사를 가야 한다. 집 보러 다닐 때면 사람이 변한다는 주위의 증언이 아니더라도 이사만큼 사람 신경을 곤두세우는 일도 없다. 이제 이력이 붙을 법도 하건만 이사 생각만 하면 벌써부터 가슴이 콩닥거리니. 당연히 '신혼집'을 구한다고 생각하는 중개인과 집주인들을 만나 하하호호 해야 하고 이런저런 일정을 맞춰 잔금을 치르기 전까진 안심할 수 없는 이사. '내집 마련' 같은 것은 안 바란다. 맘 놓고 오래 살 만한 집이라도 있었으면. 그래 오늘도 '신혼부부'를 위한 주택공급을 늘리겠다는 뉴스를 보며 뇌까린다. 혼자 사는 사람은 '주거안정' 좀 하면 안 되나요? ∽ 따우

정색해도 괜찮아

\ 여성(주의)를 좋아한다고?

최근 한 모임에 참석했다. '___활동을 했고, ___을 좋아하는 ___이다'라는 문장으로 자기소개를 하는데, 한 남성이 여성(주의)를 좋아한다고 적었다. 여성주의를 여성(주의)로 표기한 것을 재치 있는 행위쯤으로 여기는 듯 남성이 해맑게 웃는다. 여성(주의)를 좋아한다는 남성의 무맥락인 듯 무맥락 아닌 듯 무맥락적인 발언에 어떻게 대응해야 하나 머릿속이 복잡해지기 시작했다. 그런데 더 당황스러웠던 것은 모임 참석자들이 그 남성을 제외하고는 모두 여성이었고, 여성주의 활동가들이었다는 것이다. 남성도 그런 사실을 잘 알고 있는 상황이었음에도 그런 표현을 서슴지 않고 할 수 있다니! 결코 그냥 지나치지 않겠다는 싸움의 의지를 다지는데, 〈해보면 캠페인〉의 "정색해도 괜찮아"라는 문구는 큰 힘이 되었다. 드디어 모임을 마치기 직전 참석자들이 돌아가면서 소감을 나누는 시간이 되었다. 나는 그 남성의 얼굴을 똑바로 응시하며 여성(주의)를 좋아한다는 표현이 불편했음을 흥분하지 않으면서 또박또박 말하려고 노력했다. 하지만 내가 불쾌했던 이유를 남성이 알아듣지 못했다는 것을 그의 해명에서 확인할 수 있었다. "본인은 소수자에 대한 가치를 중시하는 것이 여성주의라고 알고 있으며 여성주의를 정말 좋아한다. 여성(주의)라고 한 것은 아재개그였을 뿐이다." 웃자고 한 말에 죽자고 달려들지 말라는 식의 대꾸가 돌아왔다.

\ 괜한 짓을 한 걸까?

모임을 마치고 집으로 돌아가는 길 찝찝한 감정이 한가득이다. '괜히 정색했나? 그냥 아무 말 하지 말걸 그랬나? 친절하고 부드럽게 문제가 무엇이었는지 설명하는 게 나았을까? 괜히 모임 분위기만 망친 것인가? 다른 사람들이 불편했으면 어쩌지?' 등의 생각이 꼬리에 꼬리를 물었다. 하지만 내가 친절하게 설명을 했다고 한들 그 남성이 알아들을 마음의 자세가 되어 있지 않는 상태는 별반 다르지 않았을 것이라는 확신이 들었다. 정색을 하든 친절히 설명을 하든 나의 말을 그대로 받아들이고 다시 생각하고 반영할 마음이 그 남성에게 조금이라도 있었다면, 그런 태도는 취하지 않았을 테니까. 다음날 모임에 함께 참석했던 사람으로부터 그나마 나의 정색 이후 그 남성의 말수가 급격히 줄어든 것 같다는 소식을 전해 들었다. 괜한 짓은 아니었다는 확신이 들었다.

\ 정색 후 멈춰진 시공간을 깨뜨리기

다음 모임에서 그 남성을 만나면 어떻게 반응해야 하나 고민을 하던 와중에 내가 일하고 있는 한국여성민우회에서 2016년 활동 키워드를 정하기 위한 활동가 워크숍이 열렸다. 한 활동가가 "정색 후에 나는 어떤 말을 할 수 있을까?"라는 주제로 발표를 했다. 제목을 보는 순간, 함께 고민할 사람이 있구나 하는 반가움에 든든한 지지자가 생긴 기분이 들었다. 발표 내용은 대략 이렇다.

"여성은 어느 때나 성적 대상으로 여겨지거나, 예뻐야 한다고 강요받거나, 승진은 꿈도 꾸지 않고 돈은 적게 받아야 한다거나, 그냥 연애를 할 뿐인데 소라넷이나 일베에 내 이야기가 올라가거나, 화장실을 갔을 뿐인데 몰래카메라는 없는지 불안해야 하는 것이 일상이 되었다. 분명히 이런 상황들이 잘못된 것임에도 문제를 일으키는 사람이 조심하는 것이 아니라, 잘못하지 않은 사람(대부분 여성)이 그런 일을 경험할까봐 공포나 두려움을 갖거나 조심하는 것이 당연한 것처럼 이야기된다. 내가 불편한 것이 무엇인지 알고, 그 불편함을 음미해야 대응할 수 있는 근력이 생기는데, 공포는 불편함을 사색하는 데 큰 장벽이 된다. 그래서 싸움을 하기 위해서는 공포를 먼저 걷어내야 한다. 지금 이 시간에도 싸우고 있는 많은 여성들이 있다는 것을 확인하고 저마다의 생존 전략, 싸움의 노하우를 공유하면서 공포가 걷힐 수 있다."

물론, 정색 이후에 싸해지면서 멈춰진 그 시공간을 깨뜨리고, 전환할 수 있는 전략이 바로 이것이라고 말해주는 것은 아니었지만 작고 미약하더라도 불편함을 사색하고 대응할 근력이 나에게 있다는 것이 환기되면서 '정색하지 말걸'이라는 후회는 멈췄다. 다음 번 모임에서 그 남성과 어떻게 싸워야 할지 여전히 뾰족한 수가 떠오르지는 않는다. 하지만 그 모임에 빠짐없이 더 적극적으로 나갈 것이다. 그리고 정색이 필요한 상황에서 망설임 없이 정색하고 불편함에 대해 꼭꼭 씹어가며 말할 것이다. 아재개그 따위에 여성주의가 여성(주의)가 되지 않도록. ∽ 달개비

따로 또 같이 살기

"밥은 누가 해요?"

내가 결혼 후 가장 많이 받은 질문 중 하나이다. "아침은 안 먹고, 저녁은 먼저 귀가하는 사람이 하는 거죠"라고 답하면 그게 누구인지 다시 묻는다. 내 파트너의 회사는 집에서 자전거로 5분 거리다. 반면 나는 회사에서 집까지 30~40분 남짓 걸리다 보니 내가 집에 도착할 때면 창문 너머로 도마질 소리가 들린다. 파트너는 요리하는 것을 즐기고, 먹고 싶은 것도 매우 구체적이어서 메뉴 제안을 주로 한다. 나는 먹성이 좋아 특별히 먹고 싶은 게 없다면 파트너의 제안에 따

르는 편이고, 파트너는 필요한 식재료를 시장이나 마트에서 사온다. 가끔 밥하기 귀찮은 날은 매식을 한다. 뉴스를 틀고 저녁을 먹으며 오늘 하루를 어떻게 보냈는지 대화를 나누고, 뉴스에 나온 사건/사고 소식에 함께 분노하고 정치인들을 비판한다. 함께 살면서 즐거운 순간이 바로 이때다.

따뜻하고 낯설게 보기

나 스스로 자신을 며느리에 가두지 않고자 했으나 시어머니가 음식을 할 때 엄마가 음식을 할 때처럼 편히 앉아 있기 어려웠다. 쉰다섯 젊은 엄마에 비해 열 살이 더 많은 시어머니의 나이와 왜소한 몸 때문만은 아닐 것이다. 평소 음식 만들기에 소질이 있는 내 파트너는 명절이나 제사 때 음식 준비를 함께한다. 시아버지도 밤 치기와 청소 정도는 알아서 하고, 손위시누이도 제 몫을 한다. 나는 마치 '문화인류학자'처럼 내 파트너의 집 문화를 낯설게 받아들이는 중이다.

하루는 시어머니가 "네 집에서는 나물을 이렇게 무치나?" 라고 질문했다. "아, 그게 엄마가 하는 거 많이 보긴 했는데 잘 모르겠네요." 시어머니는 간이 어떤지 항상 맛을 보게 했고, 나에게 뭘 더 넣을지 의견을 물었다. 시누이 역시 내가 좋아하는 꽃을 선물해주거나 나와 파트너가 즐겨보는 만화책을 챙겨주고 초콜릿 같은 먹을거리를 챙겨준다. 시아버지는 처음엔 내가 전화 안 하는 것을 좀 서운해했지만 이제는 나에게 전화를 먼저 걸어온다. "은아니? 잘 있었어? 니들만 행복하면 돼. 아빠는 아무 걱정이 없다." 그래, 나 혼자 애쓰는 것은 아니었다. 그들도 나를 받아들이기 위해 따뜻한 손짓을 했다.

그리고 내 엄마를 다시 보게 되었다. 엄마가 뭘 좋아하는지 어떻게 요리를 하는지 너무 익숙해서 지나쳤던 것을. 엄마에 대해 나는 참 몰랐구나. 안에 있을 때 보이지 않았던 것이 조금씩 보이기 시작한다. 아직도 내가 밖에 있으면 "박서방 밥은?"이라는 질문을 빼먹지 않는 엄마에게 "내가 밥 해주려고 결혼했어?"라고 꽥 소리 지르는 대신, "응. 자기가 알아서 잘 챙겨 먹는 사람이잖아. 걱정 안 해도 돼"라고 말하는 여유가 생겼다.

나를 이해하고 받아들이기

결혼을 결정했던 순간을 떠올렸다. 나는 누구의 아내로,

며느리로 살고 싶지 않았다. 결혼이라는 것이 너무 후져 보여서 도무지 결혼을 내 인생에 포함시킬 수 없었다. 한편 오순도순 사는 스위트홈 신화를 욕망했다. 이런 모순도 또 없다. 그러던 중, 지역사회에서 활동하는 40대 언니들을 만날 기회가 생겼다. 그 유쾌함과 내공을 느끼고, '그래, 결혼해도 괜찮아'라는 생각이 조금 들었다. 또 파트너와 1년을 살아보니 꽤 즐거웠고 쿵짝이 잘 맞았다. 뭐 결혼하면 달라지는 게 있겠지만, 그래도 서로 조정할 수 있겠지 기대했다. 참 잘 지낼 거라고 생각했는데, 예상치 못하게 파트너와 피 튀기게 많이 싸웠고 서로 상처도 깊게 냈다. 결혼한 지 불과 6개월 만에 나는 이혼을 진지하게 생각했다.

"왜 그렇게 싸우니? 그렇게 싸우면 힘들지 않아?"라고 누군가 물었다. 참 많이 힘들었는데, 지금 돌이켜보면 내가 받는 것이 너무 당연해서 파트너가 뭐든 해주지 않은 것에 대해 서운하고 화가 났다. 관계는 상호작용인데, 나를 떠받들어 주기만을 바랐던 것 같다. 내 역할은 생각하지 않았다. 내 안의 어떤 심리적 기제가 작용했는지는 계속 탐구할 부분이다. 그렇게 지지고 볶고 싸우고도 힘이 남았는지, 나는 파트너와 함께 상담을 받았다. 내 맘을 다독이고, 사람을 존중하는 것, 배려하는 것에 대해서 새로 배웠다. 바르게 관찰하는 것부터 시작해서 내 느낌과 판단을 구분하고 겉으로 드러난 욕구와 진짜 욕구를 찾는 것, 부탁하기까지.

누군가와 함께 살면 부딪히는 것, 갈등이 있는 것은 자연스러운 일이다. 중요한 것은 갈등을 조정하는 일인 것 같다. 그 과정에서 내 욕구를 분명히 알아차리는 연습을 하고 있다. 삶의 주파수를 맞추고 조율하는 것이 필요했다. 나는 점차 내 스스로 욕구를 충족하고 있고, 그래서 쓸쓸하지만 더 행복하다. 배가 고프면 내가 어떻게 챙겨 먹을지 궁리하고, 집이 더러우면 치우고, 지극히 자연스럽게 내 몫을 한다. 그리고 파트너가 무언가 할 때 고맙다고 표현한다. "맛있게 밥 해줘서 고마워", "산책 함께해서 즐거워", "청소하니 집이 깨끗해서 좋다"고 구체적으로 얘기한다. 어떤 것도 당연하지 않다고 세뇌하고 있다. 내가 요청한 어떤 것을 파트너가 거절할 때도 화내지 않으려고 노력한다.

나는 지금, 파트너와 '따로 또 같이' 산다.

∽ 은아

○

나는 왜 결혼했을까?
화성인의 지구생활기

현관문을 열고 들어선 집 안은 발 디딜 틈 없이 어수선했다. 거실 한쪽 벽에 기대앉은 남편의 표정은 화난 기색이 역력하다. 내가 모임 간다고 미처 집을 못 치우고 그냥 나간 것이 화근이었다. 그나마 대강이라도 치워놓은 곳이 거실이었는데 집에 돌아온 아이들이 그곳마저 눈치 없이 금세 어지럽힌 것이다. 남편의 얼굴 근육이 씰룩거린다. 지레 주눅 든 내가 남편에게 다가가 왜 화가 났는지 물었다.

묻기를 기다리기라도 한 듯 속사포 랩이 쏟아져 나온다. 결론은 집이 왜 난장판이냐는 거다. 안방은 안방대로 어제

자고 일어난 이부자리가 뒤죽박죽 펼쳐져 있고 소파엔 빨아 놓고 개지 않은 빨래가 수북하고, 아이들 방에는 새롭게 널어놓은 빨래가 이미 이틀째 그 자리에 널려 있으며, 거실 역시 아이들이 어질러놓은 책과 장난감이 즐비했다. 어제 하루는 그런가보다 하고 넘어갔는데 오늘마저 이런 이유가 뭐냐고 따진다. 어제부터 오늘까지 뭘 했는지 스케줄을 대라고 한다. 우물쭈물 기어들어가는 목소리로 나도 이틀 동안 바빴음을 설명했다. 장을 보고, 아이들의 어린이집에 들른 것, 부모 교육을 듣고 저녁을 먹고 모임에 간 이야기까지 등등등.

마치 경찰서에서 조서를 꾸미는 심정으로 일거수일투족을 남편에게 보고했다. 심문이 이어졌다. 대체 그렇게 잠깐의 짬도 없었느냐고. 잠깐이라도 시간을 내서 치울 수도 있는 거 아니냐고. 어제 오늘은 정말 그럴 시간이 없었다고 했더니, 이런 환경에서 애를 키울 거면 대체 부모 교육은 왜 받냐고 반문한다. 부모 교육 받을 시간에 집이나 좀 치우란다. 또 뭐라 뭐라 잔소리를 해대는데 이미 뾰루퉁해진 내 마음에 남편의 훈계가 들어올 리 없다. 분명 나는 이틀 동안 꽤나 바빴는데 단지 그 바쁜 일과에 가사노동이 없었을 뿐이었다.

'지금 당신 하는 말들을 내가 듣고 있는 부모 교육 시간엔

뭐라고 하는지 알아? '옳은 개소리'라고 한다고. 지금 당신이 나한테 아무리 지당하게 맞는 얘길 해봤자 내 상한 마음에는 이미 옳은 개소리일 뿐이야, 이 양반아' 겉으로는 침묵으로 일관하고 있었지만 속으로는 '옳은 개소리란 이런 거구나' 이론으로만 듣던 것을 실습하고 있었다.

내가 일방적으로 당하기만 하자 옆에 있던 큰딸애가 아빠에게 대신 맞선다. 아빠는 혼나면 기분 좋겠느냐며 예쁜 말로 하라고 나름 자기 방식의 논리를 주장한다. 세 살 된 둘째도 아빠를 '때찌'하며 알아들을 수 없는 말로 아빠를 혼낸다. 아이들의 당차고 귀여운 행동에 남편은 웃음이 터져 자기편은 아무도 없다며 신세한탄을 하는 것으로 일단락되었지만, 내 기분은 썩 좋지 않았다. 남편의 말은 한마디도 틀리지 않았다. 보통의 사람들에게는 그러한 것들이 당연한 일일 테니까 말이다. 아이들을 키우며 깔끔하진 않아도 적당히 집 안을 단정하게 하고 사는 게 남편이 주장하고 요구하는 지극히 정상적이고 평범한 가정주부의 모습이다.

여기에서 나는 지독한 패배감을 맛본다. 나는 가정주부가 맞지만, 지극히 정상적이고 평범한 가정주부는 아니기 때문이다. 요리하는 것 외에 내가 정말 즐거워서 하는 집안일이란 아무것도 없다. 설거지는 가장 하기 싫은 일 중 하나이고, 그나마 청소기는 밀지만 걸레질은 또 싫어 남편에게 맡긴다. 남편에게 늘 지적당하는 정리정돈은 정말 취약이다. 나에겐 그런 개념 따윈 태생부터 DNA에도 없었던 것처럼 정리정돈은 정말 못한다. 안 하는 게 아니라 '못'하는 거다. 대충 쌓아놓고, 쓰던 자리에 두지도 않고, 입은 옷은 아무 데나 던져놓는다.

빨래도 마찬가지다. 빨래를 세탁기에 빨고 건조대에 너는 것까지는 할 만한데, 개는 게 싫다. 마음이 허락하는 날에는 빨래도 얌전히 개켜 서랍장에 넣어놓곤 하지만 대체로는 소파에 쌓아놓거나 널어놓은 그대로 필요한 옷을 골라 입는다. 아주 가끔 한 번씩 맘먹고 치울 때가 있지만 그때뿐이고 또다시 쌓이고 쌓인다. 중요한 건 난 그런 것에 전혀 불편함을 느끼지 못한다는 거다. 내 눈에는 어지러운 게 전혀 눈에 안 들어온다고나 할까(그러니 이러고 살겠지만). 난 정리정돈이 안 되어 있어도 조금의 거리낌도 없이 잘 사는데 남편은 그게 아닌 거다.

부모 교육 시간에 MBTI 성격유형 검사에 대해 잠깐 얘기한 적이 있었다. J형(판단형-정리정돈에 능하고 계획적, 체계적)과 P형(인식형-자율적이고 개방적, 융통성)에 대해 이야기하는데 다른 엄마들은 모두 J형인 반면 나 혼자만 P형이었다. J형 엄마들은 P형 자녀들로 인해 온갖 고초를 겪고 있었다. 허물 벗듯 옷을 벗고, 정리정돈 일체 안 하고, 양말이든 옷이든 뒤집어 벗는 자녀들 때문에 엄마들은 잔소리를 달고 살고 스트레스를 받고 자기만 나쁜 사람이 된다고 했다.

그러나 정작 자녀 본인들은 그러한 것에 대해 아무 인식도 못할뿐더러 엄마가 그런 일로 전전긍긍하는 것에 관심이 없다고 한탄했다. 그 자녀의 모습이 바로 나였던 거다. 지구인인 그들에게 나는 화성인인 것이다. 일순간 가해자가 된 나는 알게 모르게 공격적인 눈초리를 받아야만 했다. 그러나 나 역시 그 자녀들의 마음처럼 엄마들의 행동이 이해가 되질 않았다. 그게 그렇게 용서 못할 범죄 행위도 아니거니와, 안 한다고 뭐가 어떻게 되는 것도 아닌데, 내 생각엔 세상을 살아가는데 그렇게 문제시될 만한 중요한 행동이 아닌데 왜 그렇게 거기에 스트레스를 받을 정도로 연연해하는지 알 수 없었다.

J형 엄마들은 혹시나 아들이 커서 P형 며느리를 데려올까 또 전전긍긍했다. 그럼 머리 아플 것 같다며 고개를 절레절레 흔든다. 나는 누구도 바라지 않는 결혼 상대자가 되는 순

간이다. 그런 난 정녕 결혼해서는 안 될 여자란 말인가? 화성인인 나는 그들의 며느리도, 누군가의 아내도 될 수 없는, 비정상적인 결혼 부적합자인 것일까? 내가 좋아하고 잘하는 것들을 뒤로 한 채, 결혼했다는 이유만으로, 주부라는 이유만으로, 가사노동으로 내 모든 것이 평가되는 이 사회적 현상을 어떻게 받아들여야 할지 당황스럽다.

난 단지 한 사람을 사랑했을 뿐이다. 그 사람과 일생을 함께하고 싶어 결혼을 했고 더 큰 그림을 함께 그려나가길 바랐다. 그러나 결혼생활 6년차. 우리를 늘 다투게 하는 것이 이렇게 난데없는 곳에서 불거져나올 줄은 몰랐다. 우리의 사랑이 시들해졌다거나, 혹은 가치관이 달라서 따위의 그럴싸한 멋진 이유까진 아니더라도, 하다못해 이혼 사유 중 가장 흔하다는 성격 차이도 아닌 가사노동 때문이라니……. 내 나름 6년 간 노력한다고(옛날에 비하면 정말 많이 바뀐 것인데) 했는데도 안 되는 부분을 어찌해야 한단 말인가. 언제까지 이 문제로 에너지를 소모해야 하는가. 나는 왜, 무엇을 위해 결혼했을까. 나와 유사한 DNA를 가진, 지구에 사는 화성인들은 어떻게 살아가고 있을까. 지구에 맞춰 살아야 할까, 아니면 화성으로 돌아가야 할까. ∽ 베짱이

○

엄마노릇과 내 삶의 중간성적표

누가 나에게 이제까지 해본 일 중 가장 힘들었던 일이 무엇이냐고 묻는다면 당근 나는 자식 키우는 일이라고 대답할 것이다. 올해 대학에 들어간 큰 딸은 스무 살이 되었건만 중학교 입학과 동시에 시작된 그녀의 방황은 아직도 현재진행형이다.

이 딸이 돌이 되어 막 걸음을 떼기 시작했을 때 나도 대학원에 들어가 공부를 시작했다. 공보육시스템이 잘되어 있는 일본이어서 좀 다행이었지만 처음 보육원(우리나라의 어린이집 같은 곳)에 돌쟁이를 떼어놓고 나올라치면 안 떨어지려는 아이의 울음소리가 보육원 건물을 나올 때까지 멈출 줄 몰랐다. 그 울음소리가 마치 나의 뒷덜미를 잡는 듯했다. 엄마랑 강제로 떨어지는 이 경험이 어딘가 아이의 기억 속에 자리 잡아 혹시 성격 형성에 나쁜 영향을 미치는 것은 아닐까 하는 불안감이 나를 괴롭혔다. 게다가 초등학교에 입학할 때까지 5년 반 동안 보육원을 다니면서 거의 매달 감기를 달고 살았다. 나 때문에 아이가 안 걸려도 될 감기를 자주 앓고 안 먹어도 될 약을 먹는다 생각하니 그것도 속상했다. 그래도 한 번도 공부를 그만두는 생각은 해보지 않았다. 음~ 뭐랄까 이 외국 땅에서 아이 보면서 집에만 틀어박혀 사는 내 인생을 상상할 수 없었다. 이런 희생을 치르고 대학원을 나와서 딱히 뭘 할 수 있을까 알 수 없었고, 아니, 매우 불투명했지만 어머니라는 정체성 하나만으로는 내가 안정되게 설 수 없을 것 같은 마음이 강했기 때문이다.

귀국해서 아이는 초등학교 2학년에 들어갔다. 일본에서 흙만 가지고 놀던 유치원이나 초등학교의 분위기와는 영 딴판이었다. 동네에 사는 같은 학교 친구들은 요일마다 영어니 체육이니 팀으로 하는 과외를 하느라 바빴다. 그 팀에는 누구 한 사람이 나올 때까지 들어가고 싶어도 못 들어갔다. 유치원 때부터 짜여온 팀이란다. 아이는 그런대로 잘 적응해갔지만 나는 아이들 교육에 열심인 엄마들 모습에 적응이 잘 안 되었다. 그 첫째 이유는 솔직히 내가 무슨 대단한 교육관이 있어서라기보다 실은 내 공부하랴 강의하러 다니랴 바빴기 때문인지도 모르겠다. 아이가 3학년 때쯤이던가 수학이 너무 떨어져서 동네 학(부)모에게 과외를 시켰다. 어느 날 그녀가 나에게 좀 흥분한 얼굴로 말했다. 아이가 이렇게 수학이 안 되는데 어떻게 밖에 나가서 남의 아이들 가르치고 있느냐고. 다음날 그녀는 나에게 전화로 사과했지만, 난 그게 그녀의 본심이라고 생각한다.

아이가 중학교에 들어가자 영 적응을 하지 못했다. 아침마다 오늘 학교에 가기 싫다, 가지 않으면 안 되냐고 했다. 수업분위기나 선생님들이 아이들을 대하는 방식이 싫다는 거였다. 아이의 그런 마음이 드러났는지 몇 번 선생님들에게 야단을 맞기도 했다. '찍혔는지도' 모르겠다. 급기야는 담임선생님께 불려가 수업 분위기를 해친다는 야단을 듣고 죄송하다는 사과를 했지만 선생님은 분이 풀리지 않는 듯했다. 결국 내가 연구 차 미국에 갈 때까지 한 학기 동안 아이는 매우 힘겨운 학교생활을 해야 했다. 나중에 이런 사정을 중학생을 둔 친지에게 이야기하자 예상치도 못한 충고가 나왔다. 처음 담임선생님을 만나러 갔을 때 빈손으로 갔느냐고, 일이

악화된 원인은 거기에 있다는 거였다. 나는 아연했다.

미국에 가서 사는 동안 이미 시작된 딸애의 사춘기는 멈출 줄 몰랐다. 한 번은 학교에서 난데없이 경고장 같은 것이 날아왔다. 체육시간에 제대로 참여하지 않고 있으니 이번 학기 낙제를 할지도 모른다는 거였다. 한국에서의 경험이 있어 잘 해볼 요량으로 학교에 전화를 걸어 우선 체육선생님에게 죄송하다고 했다. 그랬더니 선생님 왈, 나한테 어머니가 죄송할 거 없다, 아이가 태도를 바꾸면 된다는 간단명료한 대답이 돌아왔다. 한국에서와 다른 선생님의 반응이 너무나 신선하게 느껴졌다.

딸애는 혼자 미국에 남아 고등학교를 다녔다. 처음엔 순조로워 보이더니 고3 마지막 학년에 는 써스펜션이라는, 한국으로 치면 정학인지 근신인지를 한 여덟 번쯤 받았다. 학기 말엔 대학의 입학 허가서는 받았으나 고등학교를 졸업할 수 있을지 없을지 간당간당한 지경이었다. 정학을 알리는 편지가 하도 와서 우체통 열기가 두려워진 때였다. 아이가 집에 전화를 해도 가슴이 철렁했다. 학교가 싫어진 아이는 고등학교 졸업 못해도 상관없다, 한국으로 오겠다고 고집을 피웠다. 어떨 땐 불러들이고 싶고 어떨 땐 너무 화가 났다. 이럴 때 도움이 되는 건 아무것도 없었다. 주위에는 온통 조기유학 가서 아이비리그에 들어간 똑똑하고 착한 범생이 어머니들이 쓴 자랑스러운 수기뿐이지 않은가. 그간 보니 아이를 조기유학 보낸 엄마들은 가만히 있는 게 아니었다. 미국 대학에 들어가기 위한 학원의 설명회에 다니고, 아이들이 방학 때 오기가 무섭게 스케줄을 관리해서 과외를 시키고 학원을 보내는 것은 기본이었다. 추수감사절 같은 짧은 방학엔 엄마들이 가서 아이들을 데리고 있으면서 과외를 시킨단다. 대학입학에 유리하도록 해외 오지를 찾아 '봉사활동'을 보내고, 원서작성은 전문가에게 돈을 주고 맡긴단다. 그런 극성스러운 모습들을 비웃었지만 막상 아이가 이렇게 되고 보니 뿌린 만큼 거두는 것인가, 내 정성이 부족해서 아이가 이렇게 된 것 같은 생각도 들었다. 논문 막바지에 바빠서 아이의 초등학교 졸업식에 못(아니, 안) 간 일, 수업 참관에 안 간 일, 아침에 아이보다 늦게 일어난 일, 운동회 때는 끝날 무렵에 가서 처음부터 본 양 아는 척했던 일, 바쁘고 피곤해서 숙제를 물어오는 아이에게 숙제는 혼자 힘으로 하는 거라고 짜증냈던 일 등 내 일과 공부 때문에 많고 많은 나의 어머니 노릇 대충대충 하기(혹은 유기하기)의 무수한 '전과'들이 떠올랐다.

아이가 한창 방황하던 작년과 올해 나는 우리 딸이 고등학교도 졸업하지 못하는 사회의 낙오자가 되면 어떡하나 고민했었다. 그리고 내 인생의 중간성적표를 그려보기 시작했다. 나의 학위취득이나 취직과 같은 성취도 아이가 고등학교 졸업이나 대학입시에 실패한다면 상쇄되고 마는 것 같았다. 그런데 같은 부모의 입장이지만 남편은 달랐다. 그는 자신의 성취와 아이의 문제를 별개로 생각하고 있었고 나와 같은 어떤 '근원적인' 죄책감도 없었다. 나는 머리로는 모성이 본능이라는 본질론에 반대하고 있었지만 가슴으로는 자식의 문제에 내 책임이 몇 퍼센트일까 끊임없이 따져보고 있었다.

아이는 유학 가 있는 동안 여러 가지 비행을 골고루 다해본 듯했다. 화도 나고 속상한 건 이루 말할 수 없었지만 자신의 과거를 돌아보는 기회도 되었다. 나 역시 '바람직하지 못한' 행동을 많이 했지만 딸에 대한 '소박한 믿음'을 가졌던 어머니 덕분에 크게 문제화되지 않고 넘어갈 수 있었다. 전엔 몰랐지만 '우리 엄마만큼 엄마 노릇하기도 어려운 거구나' 뒤늦게 어머니가 존경스럽기도 했다.

아이는 운 좋게 고등학교를 졸업하고 대학에도 들어갔지만 그렇다고 고민이 끝난 것은 아니다. 아니 산 넘어 산이다.

한 학기도 보내기 전에 딸애는 일찌감치 휴학을 결정한 듯하다. 자신이 정말 하고 싶은 일이 무언지 찾아야겠단다. 아이가 하고 싶은 일이란 우선 대학을 때려치우는 일이다. 딸이 정 원한다면 그렇게 하게 할 수밖에 없겠지만, 나는 또 딸의 그런 '바람직하지 못한' 행동에 나의 책임이 몇 퍼센트 포함되어 있는지 따져보게 될 것 같다. 그리고 언젠가처럼 아이에게 '도대체 엄마가 뭘 잘못했느냐'고 따져 묻게 될지도 모르겠다. 게다가 중학교에 들어간 둘째딸의 반항도 이제 막 시작이다. 한 번 연습을 했건만 또 새롭다. 휴우~ 숨 한 번 고르고 또 전쟁 같은 어머니노릇을 계속해내야 한다. '사회적으로 바람직한' 아이로 키워내야 하는 임무와 호락호락하지만은 않은 아이들, 그리고 한 인간으로서 사는 정체성을 주는 나의 일, 이 세 가지 사이에서 아슬아슬한 줄타기를 하고 있는 게 나의 현재 성적표이다.

여기까지 쓰면서 돌아보니 이제까지 그런대로 이 줄타기에서 아슬아슬하게나마 균형을 잡아온 것은 두 가지 덕분이 아닌가 한다. 하나는 모성은 이데올로기이며 사회적으로 만들어진 것이라는 깨달음을 준 페미니즘과, 또 하나는 자식농사의 부실한 점수 때문에 상쇄되더라도 전체 내 인생의 성적표가 마이너스가 되지는 않도록 해줄 수 있는 나의 일이다.

그래서 나는 믿는다. 여성들에게 더 많은 사회적 참여의 기회가 주어지고 그래서 여성들이 어머니로서만이 아닌 인간으로서 자기만의 정체성을 가질 때 모성의 굴레도 조금은 가벼워질 수 있을 것이라고. ∽ 안태윤

나는 매일 시험 보는 기분으로 산다

준영ǀ 엄마, 왜 아톰은 팬티만 입어?

나ǀ @_@ 그.러.네……

(아톰은 왜 팬티만 입지? 그러고 보니 태권V나 마징가Z도 팬티만 입는다.)

로봇들은 그런가부다…… ^^;

준영ǀ 춥겠다.

나ǀ 아니야. 괜찮을 거야. 로봇이니까.

준영ǀ 로봇 사람은 안 추워? 괜찮아?

나ǀ 으응~

이제 다섯 살 난 아이는 말이 늘어가면서 나에게 이런저런 질문을 쏟아낸다. 아이를 낳기 전에 '아이의 질문에 가능하면 사실대로, 성심성의껏 얘기해준다', '거짓 대답을 하지 않는다', '모르는 것은 모른다고 말한다', '아이가 떼를 써도 사탕이나 여타의 것으로 현혹하여 넘기지 않는다' 등등의 고결한 결심은 이미 저~ 멀리 안드로메다로 날려버린 지 오래됐다. 한동안 거짓 대답을 하지 않으려고 '엄마도 잘 모르겠는데?'를 남발하니 아이도 어느 순간 대부분의 질문에 '나도 잘 모르겠는데?'로 일관한다.

이건 아니다 싶어, 그다지 뛰어나지 못한 순발력을 쥐어짜거나 여의치 않으면 다른 것으로 관심을 돌리는 치졸한 방법을 동원하여 그때그때 위기(?)를 모면하고 있다. 그러나 순발력만으로는 충분치 않을 때가 더 많다. 다음의 예를 보라.

· **상황 1** ·

유투브에서 한미FTA 반대 시위대로 밀고 들어오는 종로서장 동영상을 보고 있는데.

준영 | 경찰이야? (경찰복을 본 듯)

나 | 응.

준영 | 뭐하는 거야?

나 | …… (허걱! 이걸 어찌 설명해야 하나? 한미 FTA를 설명해야 하나? --;;) 음…… 좋은 경찰만 있는 건 아니야.

준영 | 어느 나라야?

나 | (못 들은 척) 호박엿 먹을래?

· 상황 2 ·

뉴스에서 핵 안보회의를 대비한 경찰특공대의 훈련장면을 보고 있는데.

준영 | 나쁜 사람이야? (평소에 총을 들고 다른 사람을 쏘면 안 된다고 하는 말을 기억한 듯)

나 | …… (직업에 대한 선입견을 심어주고 싶지 않는데…… 나중에 군대에 가게 될지도 모르는데……)

준영 | 우리 공격해? 죽여? 탱크도?

나 | 아니야~ 전쟁이 안 나면 괜찮아. (아, 오버다…… 전쟁에 대해서 물으면 어떡하지? 전쟁이 나지 않아도 총은 위험한데)

준영 | 전쟁이면 공격해?

나 | ('적'이라 해야 하나? 아니야! 그 개념을 심어주고 싶지 않아. '편'이라고 해야 하나? 편 가르면 안 될 것 같아. ㅠㅠ) 다른 '쪽'만…… ^^; (다행히 장면 바뀜) 와~ 돌고래다~!

아직까지 경찰은 만화에서 나오는 '로보카 폴리'처럼 어려운 사람을 도와주는 착하고 힘센 존재로 인식하는 아이에게 우리나라 경찰은 물대포도 쏘고 시민들도 때리고 한다는 것을 어찌 설명하리. 현 정세를 설명할 수도 없고, 현대사를 훑을 수도 없고, 모든 경찰을 일반화시키는 것도 옳지 않고, 직업에 대한 선입견을 갖게 하는 것도 아닌 것 같고, 그렇다고 그 모든 것을 무시하고 "세상은 아름다워~"라고 하기엔 내가 너무 현실적이고.

물론 아이는 매일 로봇 장난감으로 공격도 하고 놀고 무찌르기도 하지만 그것은 환상의 영역이다. 현실에서의 권력과 폭력에 관해 다섯 살 아이의 눈높이에 맞게 설명하기란 정말 머리에 쥐가 나는 일이다. '총기 사용의 문제에 대해 인간 존엄성에 근거하여 200자 원고지 10매 내외로 서술하시오'보다 백 배는 어렵다. 모범 답안이 있는 것도 아니고, 족보 따위는 존재하지도 않는다. 게다가 어찌어찌 잔머리를 굴려서 위기를 넘기고 나면?'이제까지 그 문제에 대해 내가 어떻게 생각해왔지?'라는 과제도 남는다.

시험 문제는 다양하다. 정치/사회 분야뿐 아니라 정서/감정 분야—나의 욕망과 아이의 욕망이 상치될 때—의 문제들도 매일매일 풀어야 하는 난이도 '상'의 문제이다(이 문제를 얘기하자 책 두 권은 나올지도 모르겠다). 아이의 머리가 굵어질수록 아마도 시험문제는 점점 더 어려워지고, 점점 더 세밀하고 논리적인 답을 요구하겠지. 아마도 좋은 점수를 받기엔 글렀는지도 모른다.

그러나 나와 같이 살고 있는 이 작은 사람을 존중한다. "시끄러!"라고 판을 뒤집고 시험 거부를 하지 않는 것, 그것이 이 시험에 대한 나의 애티튜드이다. 그러다 보면 20년, 30년 후에는 성인이 된 아이와 많은 얘기를 나눌 수 있는 합격의 영광(?)을 얻게 되지 않을까 하는 기대를 갖는다. 오늘도 그렇게 결연한 마음으로 시험장에 들어선다. ∽ 날리

결혼합니다,
위로해주세요!

페미니스트로서 결혼제도를 선택하여 그 속으로 들어가는 일은 마냥 기쁘지만은 않다. 현재의 결혼제도는 '가부장제의 종합엑기스'이기 때문이다. 그럼에도 불구하고 누군가 "왜 꼭 결혼을 하느냐"고 묻는다면 나는 가장 먼저 "아이를 가지고 싶어서"라고 말한다. 아직 우리 사회는 결혼제도 밖에서 아이를 낳고 기르는 것에 대한 법적 보장을 하지 않고 있다. 부부만의 일이라면 굳이 결혼제도를 선택하지 않고 사실혼 관계에서 동거를 해도 무방하겠지만, 아이가 법적 보장을 받지 못함으로서 발생하는 여러 가지 돌봄, 안전, 교육, 의료 등의 문제는 말로 다 할 수 없다. 이는 아이를 입양하게 되는 경우에도 마찬가지이다(입양부모의 자격요건은 기본적으로 법적 혼인 부모로 규정되어 있다). 결국 아이를 가지고 싶은 나와 같은 사람들은 결혼제도를 선택할 수밖에 없다. 반대로 나와 같은 선택을 하지 않은 사실혼 관계의 동거 커플 아이들은 법적 보장을 받지 못하며 살고 있겠지.

또 하나의 재테크

'혼테크'라는 말이 있다. 여성이 남성과의 합법적 결합인 결혼을 통해 경제적 신분 상승과 노후 안정을 도모한다는 뜻이라 생각된다. 여성이 경제활동에 참여하고 유지하고 성장하는 데 사회적 장애물이 있다 보니, 결혼이 또 하나의 재테크가 되고 있는 것이다. 물론 '낭만적 사랑'에 기반을 둔 결혼만이 이상적이라고 생각하지는 않는다(실제 그런 결혼이 존재하는지도 사실 의문이다). 나의 경우는 파트너가 계속 공부를 하는 친구이고, 내가 경제생활을 하고 있어 혼테크와는 다소 거리가 멀다고 생각했다. 하지만 결혼 준비를 하며 쇼킹한 일이 일어났다. 지방에 살던 나는 스무 살에 서울로 올라와 아등바등 생계를 유지해왔고, 전세금 대출을 받고 싶었지만 신혼부부나 유자녀 부부에게만 우선순위가 부여되었기에 어쩔 수 없이 월세방에서 자취를 하며 살았다. 그런데 결혼을 하니 꽤 넓은 전세집이 떡하니 생겼다. 결혼을 통해 한순간에 전셋집으로 주거환경이 업그레이드되는 경험을 하니 참 허무했다. 열심히 일을 하는 사람이라면 결혼유무와 상관없이 서울에서 작은 전셋집 정도는 가질 수 있는 사회여야 하지 않을까. 복지혜택은 결혼하는 부부에게는 있지만 독신여성에게는 없다.

예단, 함, 폐백 여전히……

결혼을 준비하면서도 나는 조선시대로 여러 번 시간여행을 한다. 파트너와 서로 형식적인 것은 다 생략하자고 백번 다짐했지만, '부모님의 섭섭함' 앞에서는 장사가 없었다. 결국 '예단'이라는 것을 하게 되었는데, 예단은 옛날에 시가로 팔려가는 신부가 의식주와 관련된 물건들을 시가로 싸들고 가는 데에서 유래되었다는 설이 있다. 신기한 것은 의식주를 상징하는 의복, 그릇/수저, 침구가 지금도 통용되고 있다는 점이다. 의복 같은 경우에는 그나마 시대가 바뀌면서 시가 부모님의 취향을 잘 몰라 현금으로 대신하기도 하는데, 여기서 재미난 점은 '현금예단공식'이다. 신랑 쪽에서 집을 얻는 데 든 비용의 10퍼센트를 현금예단으로 드리는 것이다. 그 기준보다 적으면 실례, 많으면 부담이 된다나. 그리고 예단을 드리고 나면 '꾸밈비와 함'이 신부 쪽으로 들어온다. 여기에 포함된 구성품은 신부가 시가로 올 때 예쁘게 꾸미고 오라는 의미에서 옷, 가방, 구두 등이 담긴다. 결혼식 당일에 하는 '폐백'도 시가 가족과 친지들에게 신부가 새 식구로서 정식으로 인사를 드리는 의미라고 한다. 양가가 결국 예단과 함을 주고받았고 이제 폐백까지 하면, 난 진정 시가로 팔려가는 것인가.

청첩장 너마저

청첩장에는 아주 당연하게 신랑 이름이 먼저, 신부 이름이 나중에 들어간다. 새롭게 디자인하고 배치해서 제작하려면 제작비용이 두 배 가까이 든다. 큰맘 먹고 새롭게 제작하려고 해도 웨딩업체나 제작업체에서는 귀찮다고 꺼려한다. 아니, 내 돈으로 내가 제작하겠다는데 왜들 그러시는지. 결혼준비를 하면서 나는 계속 "까다로운 신부, 특이한 신부"로 불리고 있다. 그나저나 내 파트너는 아무 노력 기울이지 않고 언제나 먼저 이름을 넣을 수 있으니 참 좋겠다. 미안한 표정으로 "신랑이라서 먼저가 아니라 가나다순이라고 생각하자"고 말하는 파트너 덕에 웃음만 나올 뿐이다(참고로 파트너는 강씨, 나는 김씨다. 에잇!). 다행인지 불행인지 결혼식 입장 순서는 우리 아버지가 계시지 않은 관계로, '신랑이 먼저, 신부가 나중에' 공식을 깨고 둘이 나란히 입장하게 되었다.

그래도 대안적으로 만들어가는 결혼

이렇게 결혼을 준비하다 보면 참으로 다양한 부분에서 페미니스트로서 분노 혹은 회의를 느낀다. 그래도 결혼을 일주일 앞두고 정신없이 보내는 지금, 이런 생각을 정리하고 글로 남기게 되어 참 다행이다. 기왕 하는 결혼이니까, 보이지 않게 끊임없이 투쟁하면서 조금은 대안적인 결혼을 만들어 보고 싶다. 무거운 드레스를 입고 높은 구두를 신고 비록 다리가 아프더라도, 나는 결혼식 전에 신부대기실에 꽃처럼 앉아 있지 않고 입구에 서서 내 손님들을 맞을 테다. 그리고 3일 명절연휴 중 1.5일은 친정, 1.5일은 시가에서 보낼 테다. 가사와 육아는 평등하게 분담할 테다. 나중에 아이가 생기면 아이의 성(姓)을 당연하게 파트너의 성으로 쓰지 않고 진지하게 고민할 테다. 내 딸의 손을 잡고 민우회에 놀러가는 꿈도 꿔본다. ∽ 면진

○

이별이라는 벤치

이별은 그냥 와 있다. 이별은 선택하는 것이 아니라 받아들이는 것이다. 용기를 내어 할 수 있는 유일한 일은 그것을 인정하는 것이다. 더 할 수 있는 일이 아무것도 없다는 것, 세상에는 그런 일도 있다는 것, 떠나는 것만이 나를 위해 어쩌면 상대를 위해 최선의 것이라는 것을 알게 될 때 모든 것이 갑자기 낯설어진다.

오랜 미로 같았던 관계를 끝내고 떠날 때는 부서지는 미끄럼틀을 타고 내려오는 것 같았다. 떠날 수 있다는 건 그래도 마음의 힘이 남아 있을 때 하는 거라고, 지금이 기회가 아니겠냐고, 마지막까지 망설이는 나에게 친구는 말해주었다. 그리고 그 말이 옳았다.

옳았던 것일까 하고 그 후에 생각한다. 그렇게밖에 할 수 없었을까 스스로 되묻는다. 때로는 왜 그 자리에 그토록 오래 머물러 있었을까 의아해한다. 만남을 시작하지 않았더라면 하고 자책한다. 아주 가끔은 그리워하다 소스라친다. 갈팡질팡하는 마음에 실망한다. 감정이 단색이 아니어서 진이 빠진다.

친숙했던 말들이 이해할 수 없게 된다. '이혼'이나 '한부모'라는 말로 나를 온전히 설명할 수 없다. "남편은 무슨 일 하세요?" 인사하며 다가오는 이웃 앞에 뭐라고 해야 할지 모르겠다. 굳이 말해야 하는 건지도 모르겠고 말이 될 수 있는지조차 알 수 없다. 반복되거나 더듬거리며 제자리에 검질기게 맴도는 말들.

헤어지고 맞는 계절의 변화는 처음 보는 양 새로웠다. 꽃눈을 머금고 있는 개나리나 푸릇푸릇한 잎을 아지랑이처럼 피워 올리는 숲이 보였다. 혼자가 된 것이다. 끊임없이 누군가의 눈치를 보거나, 내 시간을 얻기 위해 구차한 타협을 하지 않아도 되는 것이다. 이전보다 돈 걱정을 더 하고, 아이가 놀다가 다쳐서 오면 쩔쩔매고, 새벽에 깨어 이런저런 고민에 우두커니 앉아 있게 될 때 다시금 혼자가 되었다는 것을 떠올린다.

헤어지고 나면, 마음속에 있는 그 사람과 다시 이별해야 한다. 원한과 분노가 기다렸다는 듯 튀어나온다. 싫다. 이제까지의 나는 깡그리 쓰레기통에 처박고 새 삶을 살고 싶다. 떠오르는 것들을 싹둑싹둑 잘라내고 싶다.

시간이 좀 더 지나 나는 나를 떠날 수 없다는 것을 알게 되었다. 나한테 그 계기는 변영주 감독의 영화 〈화차〉였다. 모든 것이 개인의 탓이거나 개인의 변화가 관건인 것이 아니라 우리는 비슷한 고통에 시달리며 아주아주 끈질기게 싸워가야 한다고 했다. '삶에 의미 따위가 뭐가 있어, 나를 내팽개치며 살았는데' 하고 억하심정에 모든 것을 놓아버리려고 할 때 '의미'를 말하는 사람들이 아직도 주변에 있었다. 그것이 어떻게 가능한지 모르겠지만 그것을 믿지 않고는 살 수 없는 게 또 사람인 것 같다.

강의를 하면서 다른 사람을 만난다. "선생님, 유복해 보이

시네요." 부러워하는 싱글맘의 한마디에 "저도 싱글맘이에요" 하고 굳이 하지 않으려던 말을 한다. 나와 그가 꼭 같지는 않지만 나는 그가 하는 말을 알아듣는다. 걱정의 말에 공감한다. 씩씩하게 일을 하고 다른 이에 대한 관심을 놓지 않는 모습에 경탄한다. 강의에서 만난 여든 살, 아흔 살 되는 노인들이 "목숨이 붙어 있는 한 나는 배우고 노력하려고 합니다" 하고 말한다. "나이가 들수록 남을 돕고 가치 있게 살고 싶습니다. 그렇지 않으면 하늘 아래 인(人) 버러지(벌레)로 살다 가는 거밖에 제 삶이 무슨 의미가 있습니까?" 말한다. 한 여성노동자는 열악한 노동환경 때문에 사람들을 기계적으로 대하게 되었다며 자기 일의 의미를 찾기 위해 고군분투한다고 했다. 쉰이 넘어 처음 한글을 배우며 살아온 이야기를 쓰는 요양보호사도 만나고 어린 시절 본 학살의 풍경을 잊지 않고 말해주는 나이든 이도 만난다. 죽음의 전날까지도 사람의 영혼은 늙지 않고 삶을 기억하고 의미를 되새긴다. 증언하고 싶어 하고 미래를 기다린다.

나와 딴 사람들이 다르지 않다는 것, 나 혼자만의 아픔인 것 같았던 것을 다른 이들도 겪고 산다는 것을 알게 된다. 대부분 사람들은 힘든 역경 속에서 이타적인 마음을 잃지 않고, 삶에 의미가 있다는 생각을 놓지 않고, 나의 시간이 다음

세대와 연결되어 있다는 믿음을 잃지 않고 하루하루 몫을 다해 살아간다. 다시 돌이켜본다. 완벽하지 않았던, 터무니없이 서툴렀던 나를 용서하고, '그건 꼭 내 잘못만은 아니었어, 이제 난 다른 시간을 선택할 수 있어'라고 생각도 해본다. 따뜻한 공원의 벤치에 앉아 있으면, 그렇지, 뛰노는 아이들과 젊은 연인들과 나이든 부부와 노인들을 보며 그들 속에 내가 있고, 내가 없어도 그 삶이 그대로 흘러간다는 것, 아직은 내가 이 자리에 있고, 아마 무언가 할 것이 남아 있는 모양이라고, 눈을 천천히 떴다 감으며 상상해보기도 하는 것이다. ∽ 낭미

○

함께 살기 15년, 공생의 조건

누군가의 외로움에 대한 질문에 난 매번 외롭지 않다는 대답을 한다. 예상치 못한 상황에서 '외로움'을 잠깐 느낄 수는 있으나 길게 나를 누르는 주제는 아니다. 같이 살고 있는 '박봉'은 이렇게 말하겠지. "다 내가 있어서 그래." 그렇다. 내가 외롭지 않은 이유의 큰 부분은 내 삶에 '박봉'이라는 친구가 들어와 있기 때문이다.

친구인 동시에 15년을 함께 살고 있는 '박봉'은 나에게 어떤 존재감을 갖고 있나. 항상은 아니지만 그래도 꽤 자주 내 편이 되어줄 거라는 믿음, 내가 이성을 잃고 흥분할 때 합리

○

적이고 객관적인 얘기를 해줄 거라는 기대, 꼬리를 무는 복잡한 생각과 극도의 심한 걱정에 대한 단순한 해결 제시 등 나의 심오하고 꼬인 성격을 대적할 태도와 인격을 갖추었다고 생각하는데……. 쓰다 보니 본래 그런 인물이라 같이 살게 되었는지, 같이 살다 보니 이런 존재감을 느끼게 되었는지는 아리송하다. 15년은 너무 긴 세월인 게 분명하다. 여하튼, 우리는 도대체 왜, 어떤 마음으로 15년 넘게 함께 살며, 서로 어떤 평가를 하고 있는가. 15년 동안 (그 어렵다는) 함께 살기를 하며 '베프'를 유지하고 있는 내공과 노하우가 무엇인가.

일단 우리가 어떻게 같이 살게 되었는지 '박봉'에게 물었다. "언제 적 얘긴데 그런 걸 기억해." '박봉'의 일축. 그런 거 물을 때는 지났단다. 그런가? 함께 살면서 깨닫게 된 것, 얻은 것들을 생각해보는 것도 좀 거시기하다. 너무 추상적인 얘기이기도 하고 15년 동안 함께 살면서 깨닫게 된 것인지 본래 갖고 있는 것인지 도통 알 수가 없다. 하지만 우리에게도 함께 잘 살기 위한 핵심 포인트 정도는 있다. 뽑아볼까?

참을 수 있는가?

------

1 · 누군가 함께 살기 전, 상대방과 나의 다른 점이 서로 참을 수 있을 만한 정도인지는 파악하고 있기! 즉 내가 참을 수 있는 부분이 무엇인지, 참을 수 없는 부분이 뭔지를 정확히 알아야 한다. 예를 들어 나와 '박봉'은 진짜 게으르고 지저분한 사람과는 못 산다는 공통점을 갖고 있다(그러니까 나와 '박봉'은 안 게으르고 안 지저분하다). 만약 공통점이 아니었다면 누군가 맞춰주든지 흔쾌히 참아주든지 둘 중 하나는 해야 같이 살 수 있었을 것이다. 나처럼 친구끼리의 동거가 아니라 연인 사이라면 참기도 하고, 애정으로 극복될 수도 있을 것이라 생각하는 사람이 혹시나 있다면…… 사랑 이딴 것들로 극복이 안 되는 '생활의 발견'을 강조하고 싶다. 그래서 만난 지 얼마 안 되어 함께 살기 또는 결혼을 고려하는 커플에게 난 넌지시 얘기하고는 한다. 빨리 헤어지고 싶으면 같이 살라고.

집안일은 기본

------

2 · 흔한 주제이기는 하지만 '가사노동의 분배'는 함께 살

기의 승패를 좌우하는 중요한 요소이자 민감한 덩어리. 날이 갈수록 익숙해지는 것이 아니라 점점 스트레스를 받고 갈등의 주원인으로 작용할 수 있다. 둘이 살면 둘이 책임진다는 자세로 임해야 한다. 처리하고 신경 써야 할 온갖 일들—물 새는 것부터 마늘 떨어진 것까지—이 있는데 무신경, 무관심하면 완전 열 받는다.

넉넉해져라

------

3 · 상대방의 입에 들어가는 것을 아까워하지 않는 마음. 즉 경제의 문제다. 처음에는 식생활비와 공과금을 어떻게 할 것인지 합리적 배분을 한다. 하지만 생활이라는 것이 그렇다. 먹고 싶은 것이 다르고 갑자기 사야 하는 것도 생긴다. 따지기 시작하면 못 산다. 누가 더 먹는 것도 같고, 내가 더 많이 낸 것도 같고, 본가에서 조달되는 음식과 물품에 대한 기여분도 인정받고 싶고…… 때문에 '정확히' 나눈다는 의미가 퇴색되는 관계가 되어야, '정확히' 나눌 마음이 없어야 오래 같이 잘 사는 것 같다. '박봉'과 나의 15년 노하우의 가장 큰 것이기도 하다. 내 카드로 긁는 것을 아까워하지 않는 것 말이다. 언젠가 상대방도 긁게 되어 있다. 절약정신이 깔려

있지만 쓸 때 쓸 줄 아는 경제 센스, 돈에 대한 '경우'가 있는 사람 되기는 함께 살기의 기본!

4 · 공통의 관심 주제가 있고 무엇을 보고 반응하거나 판단하는 방식이 비슷하면 대화도 통하거니와 서로에게 영감을 주고받는 시너지 효과로 작동한다.

15년간 함께했던 시간을 염두에 두고 뽑았지만 또 다른 사람하고 살아보면 어떨지는 잘 모르겠다는 생각도 든다. 너무 오래 같이 살아서 서로가 기준이 되어버린 관계라 이거 원…… 할 수 없다. 일단 급마무리해버릴 테다.

오이 | 박봉아. 마지막으로, 우리 앞으로 어떻게 살 건지 잘 미화시켜서 얘기해봐라.

박봉 | 왜? 누가 내 미래를 궁금해 해?

오이 | 그래도 해. 어떤 미래를 꿈꿔?

박봉 | 난 미래에 대해 별로 생각 안 해.

하지만 친구이자 가족인 '박봉'과 나는 (복지국가가 되기 전까지는) 서로가 서로의 노후를 책임져야 한다는 생각을 공유하고 있다. 그래서 서로의 건강도 챙기게 된다. 왜냐? 아프면 간호해야 하니까. 오래 살다 보니 미래를 같이 구상하는 관계는 당연하고 서로가 서로의 운명공동체이라는 사실 역시도 의심하지 않으며, 이것이야말로 공생의 조건이 되었다.

∽ 오이

아들에게 집안일 시키기

작년 고3이던 아들에게 한 해 동안 설거지 면제의 특전을 부여했었다. 초등학생 시절부터 일요일 저녁 설거지 당번으로 활약해온 아들. 지금 녀석은 재수학원을 물색 중이다. 문제는 재수생에게도 설거지 면제 특전을 계속 주어야 할지 여부다. 가족회의의 의제로 올려야 할 모양. 당사자는 재수생 신분의 사회적, 정서적 어려움을 호소하며 설거지 면제를 읍소한다. 글쎄, 재수생만 인생 살기 어려운 건 아니잖아? 아들만 빼고는 모두들 냉정하다. 그래도 나는 입시의 중압감을 이해하는 입장. 아들의 설거지 면제 쪽으로 한 표 던질 심산이다. 아들의 다섯 살 손위 누나는 일요일 저녁 설거지를 면제하는 대신, 필요한 경우 부정기적 설거지 담당이라는 대안을 제시한다. 아들이 집안일을 나 몰라라 한다고 평소 생각해온 내 남편, 설거지 위에 빨래 개키기까지 얹어 가사노동 참여율을 높여야 한다고 목청을 높인다. 재수학원 개강 전까지 아르바이트를 해서라도 학원비 일부를 부담해야 된다고 볼멘소리도 한다. 종합적으로 비우호적 분위기에 아들은 섭섭한 눈치.

학교 교과 과목에 기술 과목과 통합된 가정 시간이 분명 들어 있는데도 아들은 가정 시간에 요리를 배운 적이 별로 없다고 한다. 시설이나 재료 준비 등 번거로움을 이유로 학교 당국도 음식 만들기를 기피해온 모양이다. 누나가 부엌에서 때때로 요리 강습을 시켜주지만 집중도가 높지 않고 열의가 부족하다는 판정을 받았다. 요즘 요리 잘하는 남자가 트렌드라는 힌트를 줘도 동기 부여가 안 되나 보다. 그러다 보니 할 줄 아는 거라곤 라면 끓이기와 시리얼 만들어 먹기 정도. 바느질도 분명 배웠다는데 교복 단추가 떨어지면 엄마에게 기대려고 애교를 부린다. 고3 때는 왠지 아들이 불쌍해 보여 두말없이 단추를 달아주었지만 졸업만 하면 어림없다고 속으로 굳은 결심을 한 나다. 녀석은 주민등록증까지 발급받은 어엿한 사회인 아닌가?

왕자로 떠받들려 키워진 남편들 때문에 이 땅의 딸들은 참 많이도 분통이 터졌다. 큰 인물로 키운답시고 아들에게 부엌 싱크대에 손 담그지 못하게 한 엄마들. 그 왕자들이 한/미관계와 중동 평화, 그리고 지구 온난화 방지에 기여했는지 여부는 모르겠다. 다만 왕자가 자라서 한 여자의 남편이 되었을 때 그가 세탁기에 양말을 제대로 뒤집어 넣기나 할까? 또 면도 후 세면대 주위에 널린 면도의 흔적들을 제대로 처리하기나 할까? 아무리 말끔하게 정리정돈을 해놓아도 일주일이면 방을 만신창이로 만들어놓는, 어지르기 '천재' 아들을 둔 한 친구는 아닌 말로 아들을 현역 입대 시키고 싶을 지경이라고 한다. 정신이 번쩍 들 정도로 정돈되어 있는 군대 내무반 풍경이 좋아 보이기까지 한다나. 그 문제적 아들에게도 여자 친구가 생긴 모양. 밤마다 잔뜩 어질러진 방에서 한 시간씩 소곤대며 통화하는 아들을 보면 그 여자 친구의 앞날이 심히 걱정이라는 그녀. 우리 모두 맘 놓고 웃을 수 없는 처지다.

한국여성민우회가 내건 생활 속 실천 캠페인 항목을 하나하나 읽어본다. 11가지 '기꺼이 불편해지기' 캠페인 속에는 '자기 컵 들고 다니기'나 '재래시장 이용하기'같이 손쉽고 즐거운 실천 방안이 들어 있어 해볼 만하다. '열심히 듣고 나중에 말하기' 같은 주제 앞에선 가슴이 뜨끔하다. 평소 왕수다인 처지라 말하는 만큼 열심히 들었는지 차마 대답할 수 없다. '나이, 학력, 결혼 여부, 출신지역 묻지 않기'는 평등 감수성을 높이려는 취지. 절로 고개를 끄덕이게 된다. '기꺼이 불편해지는' 실천과 함께 '아들에게 집안일 시키기'는 어떨까? 아들 키우는 엄마들의 핵심 실천 과제로서 손색이 없다는 생각이다. 굳이 어렵게 말하자면 '가사노동 민감성' 높이기가 목표일 것. 이 땅의 여성 인권과 민주주의 신장을 위해 여성인 엄마들도 나서야 한다. 집이 여성의 유일한 직장이던 시대, 여성들은 가사노동을 독점했다. 집안일과 바깥일을 둘 다 해야 하는 시대, 여성들은 가사노동 독점권을 포기할 수밖에 없다. 그들의 남편감들은 누군가의 아들일 터. 일단 내 아들부터 집안일을 배우게 해야 마땅하지 않은가? 방 치우기나 빨래 털어 널기 요령부터 가르쳐야 한다. 엄마뿐 아니라 아빠가 집안일 가르치기에 앞장서면 학습 효과가 상승할 것이다. 평소 설거지하거나 청소하는 아빠를 보고 자란 아들들이 집안일에 친화적일 수밖에 없다.

주말 설거지를 둘러싸고 티격태격하던 남편과 아들이 나란히 거실에 앉아 빨래를 개키기 시작한다. 누나와 엄마의 스타킹과 속내의까지 착착 각을 세워 접은 뒤 각자 방 서랍까지 배달하는 것으로 빨래 개키기는 끝난다. 앞으로도 집안일 훈련은 쭈욱 계속될 것이다. 함께 먹을 식사를 위해 국 끓이고 생선 굽고 나물 무치는 멀티태스킹의 현장에서 내 아들이 숟가락 하나 놓지 않는 사람이 되어서는 안 되기 때문이다. 언젠가 '아들 잘 키워 보내주셔서 감사해요.' 뭐 이런 공치사를 며느리로부터 받고 싶다. 그날이 오면, '웃어라, 명절'* 캠페인은 역사적 조크가 되고 말겠지. ∽ 박어진

* '웃어라 명절' 캠페인은 공동체 구성원 모두가 함께 일하고 함께 쉬는 명절을 만들기 위한 캠페인이다. 한국여성민우회에서 1999년 추석부터 대안 명절 문화 만들기의 일환으로 진행하고 있다.

○

여자, 명절과 춤추다

달력을 본다. 빨간 숫자가 나란히 줄지어 있는 명절이다. 덤덤하다. 회사에 가지 않으니 쉬지 않는 것도 아니고 가족과 내내 있을 테니 쉬는 것도 아니다. 큰 기대가 없다. 사실은 하루 동안 어디 여행이라도 혼자 다녀오고 싶지만 잘될지 모르겠다. 쉴 겸 친정에 다녀오고 싶지만 가장 하고 싶은 것은 가족에서 하루쯤 벗어나 혼자가 되어보는 것이다. 닷새 휴일 중 하루는 집 밖을 벗어날 수 있지 않을까? 생각해본다.

휴일 첫날, 남편은 시가에 먼저 갔다. 시가에 아픈 어르신이 있어서 아이는 내일 오라고 한다. 이해한다. 긍정적으로 생각하자. 밀린 일이 있으니 아이를 보며 일하면 되겠다. 설거지를 하고 청소를 하고 아이랑 함께 종이컵과 실로 전화를 만들고 자석과 실로 낚싯대를 만든다고 동동거린다. 작업할 것이 있는데 몇 시간을 컴퓨터 앞에 앉아서 일하기가 어렵다. 옆집에서 아이와 동갑내기 친구가 와 서로 태극천자문 놀이를 하면서 온통 집을 휘젓는다. 밤이 되어 혼자가 되자 아이가 심심해한다. "엄마, 누가 왔으면 좋겠어." 전화를 건다. 설 전날, 아이와 둘만 있는 집이 더 적적하다. 친척이든 친구든 누구라도 만났으면 좋겠다. 전화를 거니 다들 시가나 고향에서 전을 부치거나 가족을 만나고 있다. '정말 가족 없는 사람들은 소외감 느끼겠다, 유독 외롭구나.' 이전에 만난 산재 노동자 아저씨들이 명절이면 다 같이 사무실에 모여 놀던 모습이 떠오른다. 프레스에 두 손을 잃었던 명환(가명) 아저씨는 고아였다. 그래서 언제나 회원끼리 다 같이 밥을 먹고 같이 가족처럼 어울려 놀자 했다. 늘 사람을 그리워하던 명환 아저씨 마음이 어쩐지 이해된다.

휴일 둘째 날, 시댁에 간다. 어머님이 빨리 오라 했는데 아이가 아침에 늦게 일어났다. 옷을 입혀 허둥지둥 나가려는데 아이가 아침밥은 먹고 가겠단다. '모르겠다, 이왕 늦은 거' 하고 어제 끓인 떡국을 데워 먹였다. 어제 낮에 먹고 저녁에 먹고 아침에 먹고, 두 그릇씩 먹어도 떡국이 남았다. "절을 하는 날이라서 절날이야?" 아이는 설날을 '절날'로 알고 있다. 시댁이 경기도라 지하철을 타고 갔다. 다 고향에 가버렸는지 사람들이 없다. 남편은 어디까지 왔냐고 재촉하는 전화를 한다. 도착하니 점심때다. 아픈 어르신 때문에 제사는 지내지 않았다. "아픈 사람 앞에 무릎 꿇는 거 아니다" 말씀에 아이는 세배도 하지 않고 세뱃돈만 받았다. "엄마, 우리 갈 때 할머니가 또 돈 주겠지? 그럼 나 돈 아주 많아진다!" 색동지갑을 꼭 쥐고 아이는 귓속말을 하며 방긋댄다. 나는 어머님이 미리 준비한 전이며 닭고기를 상에 차리고 먹고는 설거지를 한다. 밖에 나가 사먹을 줄 알았는데 집에서 차리셨다. 늦게 온 게 조금 미안해진다. "애, 손 시렵다. 고무장갑 안에 면장갑 끼고 설거지해." 나는 어머님이 좋다. 하지만 남편과 시동생은 내내 텔레비전을 보고 나는 어머님과 같이 아이들의 재롱을 보고 내내 웃고 즐거워한다. 처음엔 아이들만 지켜보며 종일을 보내야 한다는 것이 낯설고 지겨웠다. 하지만 이런 것이 가족의 즐거움이다. "아이들 없으면 웃을 일도 없다"고 지친 어머님이 말한 적이 있다. 이전에 어머님은 명절 때 창밖을 보고 "날씨 참 좋다, 이런 날 등산하면 좋을 텐데, 아깝다"고 한 적이 있다. 친구에게 놀자고 전화가 오면 "언니, 우리 제사야. 그리고 애들이 집에 다 왔어" 하고 소곤댄다. 나가서 놀고 싶은데 집에 붙들려 치다꺼리할 수밖에 없다고 말하는 소녀처럼. 나는 그럴 때 '같이 놀자'고 꾀는 수화기 저편의 언니처럼 어머님의 친구가 되어 수다가 떨고 싶다. 하지만 아들을 사이에 끼고 만난 우리는 어디까지나 고부로서 대화를 하게 된다. 가끔 그것이 아쉽다. 식당일을 오래 한 어머님이 노동조합에 가입한 것을 알고 "어머님, 노조는 어때요?" 물었다가 어머님이 눈치 보며 말을 아껴서 뜻밖이었던 적이 있다. 명절날, 가족한테 어울리는 대화는 뭘까? 어머니는 집회 갔던 얘기랑 노조 수련회에 다녀온 이야기를 시아버지 몰래 가만히 한 적이 있다. "비정규직이 정말 문제야, 지금 같으면 일해서 애들 학교도 못 보내지." 아버님이 "박정희 대통령 같은 사람이 다시 나와야 한다"는 말을 하는 동안 어머님은 비정규직을 없애야 한다고 말한다. 저녁을 먹고 우리는 일어섰다. "친정 가야지." 어머님이 마음써준다. 설거지하려 하니 얼른 장갑을 뺏으며 밀친다. "친정 가기 전엔 일손 안 잡혀, 얼른 가." "예." 대답한다. 슬슬 가볼까?

휴일 셋째 날, 친정어머니한테 전화를 했다. 일상에 지친 몸을 고향에 눕혀보고 싶은 욕심도 있다. "꼭 오고 싶으면 와라, 하지만 내 몸도 안 좋고 하니 안 와도 되지 않겠니?" 앗, 엄마가 귀찮아한다. 감기에 걸렸다고 하는데, 사위며 손주며 딸이며 와서 안방에서 입만 딱 벌리고 앉아 있을까봐 지레 겁내시는 것 같다. '딸도 이제 손이구나.' 같이 집안일하는 주부 처지로서 이해가 될 법도 하련만 뒤통수를 맞은 듯하다. 아버지가 수화기에 대고 말을 덧붙인다. "와서 같이 일하면 되잖냐? 와서 그래 하렴." 어머니보다는 시원시원한 답이지만, 그렇다. 엄마가 설날 파업을 한다. "난 사실 부엌일이 싫었다"고 환갑이 다 되어 폭탄 선언한 엄마. 가끔 설거지도 쌓이고 음식물 쓰레기가 썩어가는 것을 등지고 방에 앉아 친구들과 한두 시간씩 전화한다. 우리한테 못하는 말, 가족 속에서 삭이고 참았던 말을 폭포처럼 쏟아낸다. 그때 엄마는 활기차고 생생하다. 생판 다른 사람처럼. 나는 그때 엄마도 엄마 역할을 할 때가 있고 안 할 때가 있다는 것을 알았다. 여느 엄마들처럼, 엄마 역할을 할 때는 잘해내려고 최선을 다하고 조바심 내지만 안 할 때는 자기 욕망에 충실하며 가족을 귀찮아한다. 이제 나이 들고 말발이 세진 엄마는, 무임노동을 기대하며 우르르 달려드는 가족을 가뿐히 내칠 수 있다. 생각했다. 엄마들 멋지다고. 명절날 창밖을 보며 등산을 못 가서 아쉬워하던 우리 시어머니처럼, 쉬고 싶은 자기를 우선으로 치는 엄마 멋지다고. 그런데 어쩐지 서운하다. 옛날처럼 딸이라는 이유로 다 위해주지 않는 엄마가, 어디서든 만사 잊고 푹 쉴 수 있는 집이 없다는 게 섭섭하다.

대신 여동생이 내게 전화했다. 목소리가 다급하다. "언니, 날도 춥고 친정 가기도 힘드니 언니 집에 갈게!" "그래라." 자매들끼리 모이는 것도 괜찮다. 집을 치우고 반찬은 뭐가 있나 뒤적거려 본다. 냉장고가 비었다. 장이라도 봐야겠다. 여동생은 네 살 난 딸애를 유모차에 태우고 지하철로 두 시간 걸려 왔다. 사흘 내내 시댁에서 전 부치고 손님 대접하고 시부모 비위 맞추고, 동생은 지칠 대로 지쳤다. "아들을 낳으라는 거야. 집안사람 다 모였는데 나보고 손주 보자 하네." "아휴, 피곤했겠다." "그것뿐만이 아니야……" 명절치레에 지친 동생은 친정에 온 듯 자리보전하고 눕는다. 쉬고 싶을 게다. 나도 남의 집 가면 마냥 드러눕고만 싶으니. 만두를 찌고 과일을 내오고 장을 봐오고 닭튀김에 맥주 한잔한다. 만화책도 잔뜩 빌려왔다. 동생은 부스스 일어나 주섬주섬 설거지를 했다. "놔둬." 말은 그렇게 하지만 집안일이 징글맞기는 나도 매한가지다. "우리가 같이 아이 키우면 좋을 텐데." "같이 지내면 애도 번갈아 봐주고 번갈아 바깥나들이도 할 수 있고……" 동생은 밤에 그만 잠이 든 후 다음날 오후 네 시까지 잤다. 나는 울고 보채는 아이 둘을 먹이고 놀아주고, 설거지하고 방 치우고, 자고 있는 동생을 이따금 흘끔댄다. 실은 오늘 아이들을 데리고 박물관에 가거나 모처럼 외식을 하고 시내를 걷고, 동생이 괜찮다면 청소노동자들 농성하는 데 지

지방문을 가자고 할 참이었다. 글렀다. 동생은 몸살에 체기가 있다. 진이 빠진 동생은 밤인지 낮인지 모르고 하염없이 잘 뿐이다. 갈 때도 비실거리며 돌아간다.

휴가 나흘이 후딱 흘렀다. 마지막 날, '이 날은 아무도 손대지 마!' 하는 심정이 되었다. 남편이 일할 게 있다며 도서관에 갔다. 다시 첫날처럼 옆집 아이가 와서 우리 집에서 떠들썩하게 논다. '시간이 간 거냐, 온 거냐?' 나는 아이들과 놀아주다가 작업한다고 다시 컴퓨터 앞에 앉는다. '명절 때 아이를 어린이집에 그냥 보낼 수 있으면 좋겠어, 엄마도 쉬게', 했다가 '그러면 보육교사가 못 쉬잖아' 생각이 우왕좌왕한다. 아까운 해가 꼴딱꼴딱 넘어간다. 남편은 저녁에 와서 아이를 위해 닭찜을 한다. 아이가 좋다고 지르는 소리를 들으며 가물가물 잠에 빠져든다. 문득 생각났다. 내가 정말 이 연휴에 하고 싶었던 것. 서울을 떠나 농촌으로 가고 싶었다. 거기서 땅을 일구는 친구들을 보고 싶었다. 경선, 유선, 혜경…… 직장생활을 오래 같이하다 먼저 귀농한 친구들, 언제나 나를 서울쥐라고 놀리는 그 시골쥐 친구들 사는 것이 보고 싶었다. 가야지. 꼭 간다. 다음엔. 다 같이 둥그런 상에 둘러앉아서 우리끼리 명절처럼. ∽ 낭미

○

내 안의 지킬 박사와 하이드 씨에게 평화를

피곤한 페미니스트에서 모순 덩어리 아줌마로

1980년대 후반, 대학에 들어간 나는 주변을 피곤하게 만드는 사람이었다. 남학생들은 선배건 후배건 동기건 모두 다 내 앞에서는 말조심을 해야 했다.

"○○ 참 예쁘지 않냐?"

"여자를 성적 대상으로만 보는 그런 태도 고쳐!"

늘 이런 식이었다.

"짧아진 여학우들의 치마를 보니 봄이 한결 더 가까이 온 듯합니다."

따뜻한 봄날! 집회 사회를 보던 선배는 이 한마디로 나와 몇몇 여학생들이 학교 곳곳에 써 붙인 대자보 때문에 공개적인 사과를 해야만 했다.

돌이켜보면 내가 남자들에게 무지막지하게 들이댔던 '성평등'이라는 잣대는 사실 수없이 마주하게 되는 내 마음속 '차별'을 숨기기 위한 자기 방어적인 무기였다. 사실은 경계에서 늘 흔들리는 나약한 인간이었음에도 나 자신은 물론 남들에게 이런 모습을 들키기 싫어 꽁꽁 숨겨놓으려고 안간힘을 썼던 것이다. 그래서 무방비 상태에서 인정하기 싫은 내 모습이 자신을 봐달라고 고개를 쑥 내밀 때의 당혹스러움이란 참 어쩌지 못하는 삶의 숙제거리였다.

같이 시위하다 잡혀 간 여학생이 예쁘다는 이유로 풀려나는 것을 보며 분노보다는 부러움과 질투심이 꿈틀했을 때, 카리스마 있는 마초에게 나도 모르게 끌렸을 때, 날씬해지고 싶어 남몰래 다이어트를 시작했을 때, 학벌 좋고 돈 잘 버는 남자와 결혼해서 힘든 경제 활동 따위는 하고 싶지 않다는 마음이 들었을 때 등등 셀 수도 없는 많은 순간 나는 내다버리고 싶은 나를 만나야 했다.

더구나 결혼, 출산, 육아의 과정은 늘 선택의 기로에서 모순투성이의 내 모습과 직면해야만 하는 순간의 연속이었다. 예를 들면 이런 식이다. 나는 자식의 삶을 자신과 분리해서 생각하고 행동할 줄 아는 우아하고 지적인 엄마이고 싶었다. 수능 날 무릎이 닳도록 기도하고 그것도 모자라 시험장 교문에 엿을 붙여 놓고 머리를 조아리는 엄마들을 이해하지 못했고 은근히 비웃기도 했었다. '자식이 뭐 인생의 전부야?'라며. 하지만 얼마 전 딸아이가 예중 입시를 치루면서 나도 물론 예외가 아님을 인정할 수밖에 없었다.

시험 전날에는 당사자보다 내가 더 걱정이 돼서 거의 잠을 이루지 못했고 불안한 마음을 붙들기 위해 비몽사몽간에 '부처님'을 부르며 간절히 기도까지 했다. 시험 당일에는 고사장 앞에서 5시간을 줄곧 추위에 떨면서 아이를 기다렸고, 시험을 망쳐 울면서 나오는 남의 집 자식 앞에서도 무너졌다. 심지어는 합격자 명단에 자신이 없음을 확인하고 눈물을 뚝뚝 흘리는 내 아이를 보니 기부금 입학이 있다면 집을 팔아서라도 보내주고 싶은 마음이 들기까지 했다. 나도 내 모습에 놀랐다.

아이 문제로 이 정도니 '성평등주의'는 엿 바꿔 먹은 지 이미 오래라는 것은 거론할 필요도 없을 정도다. 하지만 이러한 경험을 통해 나라는 인간이 좀 철이 들긴 했다. 삶 속에서 행동으로 발현되지 않는 주장처럼 허망한 것도 없다는 것을 절감했고, 결혼 전 삶의 토대가 허약하고 머리로만 치열했었다면 지금은 생활 속에서 많이 강해졌다. 마음의 근력을 키웠다고 하면 좋을까? 또한 인간에 대한 진정한 이해는 겸손함 없이는 불가능하다는 것도 알게 되었다.

아마 내가 딸아이의 입시를 경험하지 않았다면 아마 지금도 지적이고 우아한 엄마를 내세우며 많은 엄마들의 과도한 자식사랑을 은근히 무시했을 것이다. 물론 자식에만 과하게 열중하는 모성을 옹호하는 것은 아니다. 다만 누군가를 이해하기 위해서는 그들의 입장과 마음을 진심으로 알고자 하는 겸손함이 있어야 한다는 것이다. 그래야 그들을 도울 수도 있고 적어도 '그들에 대해 이야기할 수 있는 것'이다. 결국 내 안의 수많은 모순 덩어리, 나도 인정하기 싫은 내 모습을 인정해가는 과정이 타인에 대한 이해와 공감의 폭을 넓히는 과정이기도 한 것이다.

나는 다중 인격자!

"엄마는 사람들 앞에서는 상냥한 고양이 같고 집에서는 사나운 사자 같다. 내숭덩어리에 고상하고 우아한 척을 자주 한다. 다른 엄마들처럼 때리진 않지만 한 번 야단을 치면 아주 오래전 일까지 끄집어낸다……. 한마디로 지독하다!"

이 글은 딸이 나에 대해 쓴 글의 한 대목이다. 오! 마이 갓! 나는 두 번 놀랐다. 아이의 눈이 너무 정확하다는 것과 표현이 생생하고 현실적이라는 것에. 그렇다! 나는 하루에도 수십 번은 다른 얼굴로 살아간다. 어떨 땐 의도적으로, 또 어떨 땐 자동적으로, 일일이 나열하자면 '천일야화' 수준이다. 아이를 야단칠 땐 불같이 화를 내기도 했다가 때론 냉정하고 집요한 것이 꼭 죄인 다루는 검사 수준이다. 하지만 금방 전세가 180도 역전되어 아이를 단골 고객으로 맞이하는 세일즈 우먼이 되어 비위를 맞추고 눈치를 본다. '고객(내 아이)'의 불평불만에 민감하고 엄마 역할이라는 '상품'의 품질 평가에 늘 전전긍긍한다.

남편에게는 무뚝뚝하고 애교라곤 손톱 밑의 때만큼도 없는 사람이다. 물론 잘 웃지도 않는다. 바가지 박박 긁고 잔소리 하고 미해결 사건을 조사하는 탐정처럼 탐문하는 피곤한 마누라가 되기도 한다. 한때는 비타협적이었던(?) 성평등론자가 돈 때문에 한없이 치사하고 비굴해지기도 한다. 그러다 어느 날 갑자기 남편이 나와 똑같이 삶에 대해 배우고 있는 그저 똑같은 한 사람의 인간으로 보여 이해심 많고 자비로운 사람이 될 때도 있다. 물론 아주 찰나이긴 하지만.

밖으로 나오면 사정이 좀 달라지긴 해도 마찬가지이다. 보들보들하니 부드럽고 남 얘기도 흥미롭게 잘 들어주는 따뜻한 사람이 되기도 한다. 긍정적이고 경쾌하고 싫고 좋고를 명쾌하게 표시하는 사람일 때도 있다. 하지만 부탁을 거절 못하는 우유부단한 사람일 때도 있고 남들의 말 한마디에 쉽게 상처 받는, 뒤끝 많은 쪼잔한 인간일 때도 많다. 또 글이 좀 잘 써질 때는 재능 있는 작가라도 된 것처럼 행동하고, 10장짜리 원고로 머리를 쥐어짜고 있을 때는 세상에 써먹을 능력이라고는 눈을 씻고 봐도 없는 무능력자가 되어버리기도 한다.

이 밖에도 이루 말할 수가 없다. 세상에 없는 낙천주의자가 되었다가 우울한 비관론자가 되기도 하고 세상을 다 가진 것 같은 승리자가 되었다가 우울하고 비참하고 버림받은 희생자처럼 행동할 때도 있다.

난 내가 이상한 사람이 아니라고 생각한다. 우리 모두 정도의 차이는 있지만 서로 다른 수십 가지 모습으로 '변신'하며 하루하루를 살아간다. 솔직히 말하자면 일관성 같은 것은 별로 없다. 그래서 괴롭다. 보기 좋은 내 모습은 스스로 쉽게 인정하지만 그렇지 않은 것들은 마음 속 어딘가 깊은 곳에 꽁꽁 숨겨두고 있다가 어느 날 갑자기 튀어 나오면 수습이 잘 안 되기 때문이다.

그러나 나는 강력하게 주장하고 싶다! 인간의 온갖 다양한 모습, 때론 추악한 그 모습이 모두 내 안에 있다는 것을 맘 편하게 받아들이고 인정할 때만이 삶이 가벼워진다는 것을. 그래야 선택의 순간에 삶의 방향성을 잃지 않고 잘 살아갈 수 있다는 것을.

우리는 누구나 지킬 박사와 하이드 씨를 오가며 살고 있는 것은 아닐까? 내가 가진 정치적이고 도덕적인 잣대에 부합하지 않는 추한 모습을 마음속 어딘가에 꽁꽁 눌러서 숨겨두지 말자. 내 안의 하이드 씨에게도 햇볕을 보여주자. 꽁꽁 숨겨두었다간 곰팡이 나서 썩기 십상이다. ∽ 홍미용

○

남자 셰프 말고,
엄마의 쿡방은 안 되겠니?

나는 꽤 오랫동안 요리 프로그램의 열혈 시청자였고 지금도 거의 빠짐없이 '쿡방'들을 챙겨본다. 일단 요리와 텔레비전을 워낙 좋아하기 때문인데, 신나서 보다가 가끔 젠더 센서티브한 시선을 쏘아보며 직업 정신을 발휘할 때도 있다. 그런 내게 요즘 들어 영 적응 안 되는 표현이 있으니, 그건 바로 '요리하는 남자가 섹시하다'는 말이다. 칼질하는 남자의 솟아오른 팔근육에, 앞치마를 질끈 동여매는 모습에 매료된다고? 요즘 젊은 언니들의 성적 코드를 따라가지 못하는 나의 노쇠함이 문제란 것을 십분 인정하더라도 뭔가 못마땅하다. 요리로 남자의 욕망을 충족시켜주는 게 아니라 요리하는 남자를 욕망하는 여자들이 등장한 것은 환호할 만하다. 하지만 그토록 학수고대했던 요리하는 남자에게 기대하는 게 고작 그런 종류의 섹시함이란 말인가.

요리 잘하는 섹시한 남자 '요섹남'이 대세?

불과 20~30년 전만 해도 그저 살기 위해 먹는 것에 가까웠던 요리는 언제부터인가 소비와 유흥의 아이템이 되었다. 텔레비전 프로그램들이 소개한 맛집을 탐방하고 그 과정을 SNS로 중계하는 게 라이프스타일의 일부로 자리 잡았고 먹방 열풍도 그 뒤를 이었다. 요즘에는 먹는 방송이 아니라 요리하는 방송 '쿡방'이 엔터테인먼트의 새로운 핵으로 떠올랐고 그 중심에 남자 스타 셰프들이 있다. 왜 하필 '그들'인가. 요리는 여성의 일이고, 여성에 의해 전수되고 보존되어온 여성의 영역이라 해도 과언이 아닐진대 왜 먹기만 하던 남자들이 요리 방송의 전면에 등장하여 인기몰이를 하느냔 말이다. 물론 우리에게는 전문성, 예능감 어느 모로 보아도 뒤지지 않는 〈한식대첩〉의 어머니들이 있다. 하지만 셰프와 어머니는 완전히 다르게 재현된다. 한 여성 요리사가 방송에서 이런 이야기를 한 적이 있다. "남자가 서양 요리를 하면 셰프이고 여자가 한식 요리를 하면 그냥 아줌마다." 현실의 요리 세계에서 남자와 여자는 이렇게 다른 이름과 지위, 역할로 배치되어 있으며, 남자 스타 셰프를 주인공으로 한 쿡방의 탄생은 어쩌면 이 젠더화된 요리 세계에서 예견된 사건이라 할 수 있다.

엄마와 셰프, 일상과 쇼(show)의 간극

요리가 여성의 영역이란 말은 사실 현실의 절반만 설명해준다. 가정에서 요리의 주된 책임자는 여성이다. 남성의 가사노동 참여가 조금씩 늘어나고 있다는 최근에도 요리는 여전히 여성의 일로 남아 있다. 생활시간조사 결과를 보면 가사/돌봄노동 중 남녀 간 투입 시간의 차이가 가장 많이 나는 항목이 바로 '음식준비 및 정리'이다. 하지만 이른바 공적 영역에서 요리의 전문가는 남성이며, 직업으로서 요리 세계는 젠더에 따라 철저히 위계화되어 있다. 한식을 제외하고 중식, 일식, 양식 요리사 중 여성의 비중은 많아도 30퍼센트를 넘지 않지만 그들의 주방보조, 디쉬직 그리고 영세한 백반집의 주방과 홀에는 여성들이 넘쳐난다. 이러한 성별 분리는 여성-엄마-아줌마와 남성-셰프-요리사의 요리 노동을 다르게 조직해온 젠더의 산물이다.

먼저 엄마의 요리 노동은 반복성과 일상성을 특징으로 한다. 엄마가 만드는 요리의 가치는 오래도록 변함없는 맛을 내는 데 있다. 예컨대 엄마의 김치맛이 달라지면 그건 위험 신호다. 엄마는 맛을 지켜야 하고 그러기 위해 가을 김장을 1년 내내 준비한다. 그렇게 식재료를 장만하고 정리하고 관리하는 노동은 엄마의 일상에 거의 통합되어 있다. 엄마의 요리 노동이 항상 누군가를 향해 있기 때문이기도 하다. 엄마는 배고픈 식구들을 위해 끼니마다 무엇이든 먹을 것을 내놔야 한다. 거기에 맞춰 생활을 조직해야 하는 엄마의 수고는 너무나 엄청나서 오히려 여성의 숙명이나 본성으로 치환되기 쉬웠다.

반면 셰프의 요리는 비일상적이기 때문에 가치가 있다. 즉 엄마의 요리가 일상으로 존재하기 때문에 특별해질 수 있다. 또 셰프의 요리 노동은 조리가 이루어지는 그 순간에 집중된다. 요란한 칼질, 화려한 불쇼, 가스레인지 주변을 잔뜩 어지럽히는 공중 양념 투하…… 그 순간의 요리는 전후의 시간들을 모두 잊게 할 만큼 스펙터클한 이벤트이다. 그리고 이 이벤트는 식재료를 다듬어두고 조리가 끝난 후 기름때를 닦아

내는 노동을 '보조'로 조직할 수 있는 권력을 통해서만 연출 가능하며, 그렇게 주방을 규율하고 통제하는 카리스마가 셰프의 자질이 된다. 이런 남성적인 요리 노동의 특성들이 바로 쿡방의 묘미를 구성한다. 지루하게 반복되는 엄마의 요리는 아무리 잘 포장하더라도 그것만큼 우리의 눈과 귀를 자극하기 어렵다.

엄마의 쿡방, 차줌마가 해냈다

하지만 〈삼시세끼〉의 '차줌마'는 완전히 다른 그림을 만들어냈다. 〈삼시세끼〉는 조리 그 앞뒤의 수많은 노동들을 가시화하고 식재료 장만부터 설거지에 이르는 반복적이고 일상적인 과정들을 예능의 영역으로 가져왔다. 이 쿡방의 특별함은 차줌마라는, 별명 그대로 아줌마, 엄마의 요리를 구현하는 새로운 남성 캐릭터에 의해 완성됐다. 차줌마는 식구들 삼시세끼를 해 먹이느라 하루 종일 쉴 새 없이 일하며 저녁을 먹은 후에도 내일의 요리를 준비하고 끼니 사이사이 다음 촬영 때 먹을 김치를 담근다. 실제로 엄마와 같은 일상과 노동을 수없이 반복하여 체현한 듯 보이는 차승원이란 남자는 남자-셰프/여자-엄마라는 젠더 배열을 흔들며 특별한 매력을 발산했다.

그러니까, 기계로 하면 될 머랭 치기를 굳이 맨손으로 하며 체력을 과시한다거나 앞치마(만) 두르고 여자를 꼬시기 위해 요리하는 남자의 매력이란 얼마나 얄팍한 것인가. 차줌마까지는 아니더라도 제 입에 들어갈 밥을 제 손으로 지을 줄 아는 남자면 된다. 나아가 해 먹이는 노동의 풍요로움을 알고 타인에 대한 책임과 헌신으로 요리하는 남자라면 그 포텐 터진 매력을 감당할 수 없을 것 같다. 쇼의 아이템으로 요리를 소비하는 방송은, 다른 여러 소재들이 그랬듯이 언젠가 한때의 유행으로 끝날 것이다. 그럼에도 엄마의 노동으로서 요리를 재미있게 재현하고 그럼으로써 일상의 요리에 대한 사람들의 열망을 자극할 수 있는 방송으로, 쿡방의 업그레이드가 계속되길 기대해본다. ∽ 김원정

여성에게 여행이 필요한 이유

\ 여성에게 여행이란?

목적도, 장소도, 하는 일도 제각각. 여행에는 정해진 답이 없다. 하지만 여행이란 말만 들어도 벌써 적당한 긴장과 함께 설레는 마음은 누구나 마찬가지. 여행은 바로 이런 '기대'에서 시작되기 때문이다. 실현 가능성과 상관없이 지금 당장 가보고 싶은 곳을 말해보라고 한다면 모르겠다거나 없다고 대답할 사람은 거의 없을 것이다. 제목에 '여성에게 여행이 필요한 이유'라고 썼지만, 사실 여성이라서 특별히 여행을 떠나야 할 이유가 있는 것은 아니다. 다만, 내가 생각하는 여행의 정의에 따르자면 여행의 이유는 '나에게 지금 부족한 것'을 찾기 위한 것이므로, '여성에게 여행이 필요한 이유'는 지금 여성 자신에게 결핍된 것은 무엇인가에 대한 답과 그리 다르지 않을 것이다. 그리고 그 계기를 마련해주는 것이라면 여행이라고 부를 수 있다고 생각한다. 아주 그럴싸한 단어들을 나열해서 내 방식으로 정리해보자면, 여행이란 '나에게 없는 무언가를 찾아 여기가 아닌 다른 곳으로 떠나는 것'이라고나 할까?

이동의 자유 자체가 제한적이었던 과거의 여성들에게 여행이 꿈이고 모험이었다면, 현재의 여성들에게 여행은 선택이라는 점에서 적어도 조건은 좀 더 나아졌다. 하지만 자신이 아닌 다른 누군가를 위해 여행을 하고, 여기가 아닌 다른 곳에서도 여전히 자신을 희생하는 여행이라면? 자녀의 체험교육과 안락한 가족여행을 위해 골머리를 싸매야 하는 여행은 누구를 위한 것일까? 여성에게 필요한 것은 안락한 쇼핑천국이라며 소비만 추동하는 여행이라면, 여성을 위한 여행을 우리는 선택하고 있는 것일까? 아니면 강요당하고 있는 것일까? 이러니 여행이 실전 단계에 들어서면 애초 여행을 하고자 했던 이유는 자꾸만 흐릿해져 간다. 아니, 애초에 없었던 것인지도 모르겠다. 그러니까 음…… 할머니와 엄마의 여행도 어쩌면 그랬을까.

\ 여든, 할머니의 여행

팔순의 할머니는 이제는 눈도 귀도 어둡고 무엇보다 돈이 아깝다며 가고 싶은 데가 없다고 하신다. 그도 그럴 것이, 할머니는 젊었을 때 친구들과 어울려 전국 방방곡곡 안 가본 데가 없다. 스무 살에 시집와서 1년 만에 전쟁으로 남편을 잃은 그녀는 하나밖에 없는 아들과 자신의 생계를 위해 남의 집 더부살이를 하며 나뭇짐을 했다. 활달한 성격에 술도 좋아하고 담배도 태웠던 그녀에게 여행은 고된 삶의 활력소였을 것이다. 특히 울릉도, 홍도, 흑산도 등 섬을 둘러보는 단체관광은 그 시절 인기코스였다. 관광버스 안에서 벌어진 춤판에 그녀도 빠지지 않았을 테다. 어쩌면 그녀의 여행에서는 그 경치 좋다는 섬과 바다 구경보다 싼 값에 시름을 잊게 해줄 춤과 놀이가 더 큰 목적이었을지도 모르겠다. 바쁜 일상과 똑같이 바쁜 관광이었어도 외롭고 고단한 삶에 한 병의 박카스 노릇을 했던 '좋은 구경'은 그 시절의 그녀가 '선택'할 수 있었던 유일한 탈출구였기에. 봉준호 감독의 영화 〈마더〉를 보면서 나는 왠지 할머니를 떠올렸다.

여기저기 다 다녀봤는데 어딜 또 가겠냐는 할머니는 하루에 한 번 저녁시간이 되기 전 어스름할 무렵에 꼭 두어 시간 동네를 산책한다. 사실 할머니의 산책은 혼자만의 프로그램이기 때문에 정확한 코스는 가족 중 누구도 알지 못한다. 정작 오십 년 넘게 살아온 동네 새로울 것 하나 없는 동네에서, 매일 반복되는 산책을 하며 할머니는 무엇을 할까. 칸트는 평생 자신의 마을을 떠나지 않고 정해진 일과를 따라 산책을 하며 사색을 심화시켜 대 철학자가 되었는데, 할머니도 어쩌면 인생과 자연을 돌아보며 마음의 평안을 찾아가는 여행을 하고 있는 것이 아닐까?

\ 쉰여덟, 엄마의 여행

예순이 다 되어가는 엄마는 젊은 시절 여행을 별로 하지 못했다. 가난한 집 육남매 중 넷째로 태어나 학교도 제대로 다니지 못한 처지에 처녀 적에는 부모님 병수발을 하느라, 그다음에는 일을 하면서 사남매를 낳고 기르느라 몸을 뺄 수가 없었기 때문이다. 내가 중학교를 졸업할 때까지 엄마가 제일 멀리 가본 곳은 부산이었다. 내 기억으로는 신혼여행지였던 태종대 조그만 호텔 앞에서 한복을 입고 찍었던 사진이 여행 기록의 전부였다.

그거야 결혼을 했으니 신혼여행을 다녀온 것이었고, 직장을 그만두기 전까지 엄마는 항상 바빴다. 여행은 회사에서 정해주는 휴가에 가까운 서해안으로 다녀오는 정도였는데, 천성적으로 예민했던 데다 놀러갈 때마다 예닐곱 식구들의 잡다한 뒤치다꺼리로 오히려 피곤한 일이 더 많았던 탓에 엄마는 멀리 가는 것을 별로 좋아하지 않았다. 게다가 남들처럼 술을 마시거나 노래 부르기를 즐기지 않았던 엄마는 가족 동반 야유회에서 소주병에 숟가락을 꽂아 돌리기 시작하면 질색을 했다. 아빠는 사회자였는데 말이다. 당연히 돌아오는 길 운전까지 고스란히 엄마의 몫이었다. 여행은 엄마에게 '쉼'이 아니라 오히려 가족을 위한 또 다른 '노동'이었다. 아빠의 퇴직 즈음에서야 제법 여행다운(?) 것을 하기 시작한 엄마는 성지순례를 위해 아빠와 인도나 중국에도 가고, 부부 동반으로 일본에 다녀오기도 했다. 여전히 여행의 많은 부분은 아빠를 챙기거나 자식들 선물을 고르는 데 할애되는 것 같아 맘이 편치 않지만, 그래도 조금은 더 여유로워진 것 같다. 그런데 웬 걸, 엄마의 여행담은 대부분 고생담이었다. 우선, 엄마는 비행기를 싫어했다. 결벽에 가까울 정도로 깔끔함을 좋아하는 엄마는 인도에 갔을 때 갠지스 강 색깔을 보고 질겁했고, 중국에 갔을 때는 기름진 음식에 밥도 못 먹고 고생을 했다. 게다가 돌아오면 여전히 산더미처럼 쌓이는 빨랫감. 나는 매일 생각한다. 엄마랑 둘이서, 엄마가 가고 싶은 곳으로, 좀 그냥 쉬러 가는 여행을 했으면 좋겠다고. 그게 바로 엄마에게 여행이 필요한 이유이기 때문이다.

\ 서른셋, 나도 여행이 필요해

내가 처음으로 혼자 여행을 한 것은 수능시험을 치르고 나서였다. 비록 단 하루였지만 친구들과 함께 일정을 짜고 집에서 꽤 멀리 떨어진 곳까지 기차여행을 했던 경험은 무척 짜릿했다. 여행은 단지 신체의 이동에 따르는 낯선 지각이 아니라 자존감과 성취감을 주었고 기꺼이 다음 목표에 도전하게 해준 계기가 되었다. 사실 외로움을 많이 타고 혼자서는 뭘 잘 하지 못하는 성격이라 여행은 내게 아직까지도 크나큰 모험인 데다가, 여성 여행자를 바라보는 부정적인 시선과 현실적인 위협은 거기에 한몫을 더한다. 하지만 앞으로 잘해 나가기 위해서 지금 나에게 필요한 용기나 힘, 자신감 같은 것들을 찾고 싶을 때 떠오르는 것은 역시 여행이다. 최근에 다시 변화를 위한 새로운 도전을 준비하기로 마음먹으면서 제일 먼저 든 생각도 그

것이었다. '혼자 떠나는 여행!' 드디어 할 때가 왔나 싶었다. 순간 몸이 움츠러들고 약간 떨리는 기분에다가 심지어 벌써 외로워지기까지 했지만, 살짝 기대를 얹어본다. 여행을 다녀오면 자신을 좀 더 믿어주고 위해줄 수 있을 거라고, 그러면 다른 사람들에게도 내가 가진 에너지를 나누어줄 수 있을 거라고 믿으면서. 여행은 무엇보다 자신을 들여다보게 해주고, 자신을 위해 하는 거라고 생각하기 때문이다.

여행을 좋아하는가? 당신이 왜 여행을 떠나고 싶은지, 혹은 떠나고 있는지 알고 있는가? 여행이 무언가 당신에게 특별한 것을 가져다 줄 것이라 생각한다면 그것은 무엇인가? 지금 이 순간 절실하게 이곳을 떠나고 싶다고 생각하는 사람도, 지금 이곳에서 익숙했던 공간을 찬찬히 돌아보고 싶은 사람도, 모두 자신에게 없었던 것, 혹은 잃어버렸거나 놓치고 있는 것들을 잘 찾아오기를 바란다. ∞ 신나

나쁜 배려, 누군가를 배제하는 것이 배려일까?

일을 하다 보면, 주변 남성들까지 다 인정할 정도의 명백한 성폭력/성희롱을 당하지 않고서는 여성이라는 이유로 차별을 받는다거나 승진을 못한다거나 일하기 어려운 환경이 조성되어 있다는 주장을 강하게 하기 어렵다. 업무 환경이라는 것은 복잡다단하여 내가 일을 하기 어려운 결정적 이유가 반여성적 환경 때문이라는 것을 증명하기는 대단히 힘들다. 사실 성차별이 아니더라도 일하기 힘든 조건은 얼마든지 존재하며 '남성 중심적 환경'이라는 것 역시 여성들마다 다르게 인지하고 있다. 정황은 있고 어긋나는 느낌은 있는데, 딱 집어 "반여성적이다"라고 말하기는 어려운 상황이 대부분이다. 내가 느끼는 불편함을 남도 같이 느껴주지 않으면, 가물가물한 이념이며 이론을 내세우며 투쟁하기보다는 '아, 그래. 옳고 그름의 문제가 아니라 다름의 문제일 수 있지' 하는 기만적 물타기로 조금씩 포기하는 경우가 더 많지 싶다.

정황은 있다. 2014년 초 검찰의 여성 기자 성추행 사건이 불거질 무렵 경찰과 검찰 취재를 담당하던 나는 그들에게서 두 가지 인상적인 말을 들었다. 경찰(남성)을 만나러 집무실로 찾아갔는데, 인사를 하고 대화를 하기 위해 집무실 문을 닫으려 하자 그가 "문 닫지 마세요. 살짝 열어놓으세요"라고 말한 것이다. 어린 시절 남학생 집에 놀러 갈 때 '방에 단둘이 있는 상황이 될 때는 방문을 살짝 열어놓으라'는 이야기는 많이 들었지만, 일 관계로 만난 사람에게 그런 말을 들은 것은 처음이었다. 또 하루는 검사(남성)를 만나러 집무실로 찾아갔는데, 그가 조만간 기자들과 한 번 단체로 식사를 하면 좋겠다는 이야기를 꺼냈다. 그런데 그다음 요청이 특이했다. 식사 자리에서 자신의 양옆과 맞은편에는 반드시 남성 기자를 앉혀달라는 것이었다. 따로따로 들을 때는 '특이한 분들이네' 하고 넘겼지만, 연속해 듣고 보니 '혹시 여성 기자를 피하는 건가' 하는 생각이 들었다. 검찰의 성추행 사건이 터진 직후이니 그럴 법도 했다.

생각이 거기에 미치자 무력감이 들었다. 한 여성이 성폭력 피해를 당하면, 그 여성뿐만 아니라 그 여성이 속한 여성 집단 전체가 패널티를 받는다는 생각이 들었기 때문이다. 기자는 정보를 다루는 직종이고, 많은 정보는 사람에게서 나온다. '외부인'인 기자가 내부의 사정을 이해하려면 사람을 통하는 수밖에 없다. 남성이 대부분인 경찰, 검찰, 기업인, 관료 등 취재원이 '혹시라도 성폭력 사건에 말려들기 싫다'는 이유로 여성 기자 자체에 거리를 두게 되면 일하기가 한층 까다로워진다. 피해가 또 다른 피해를 낳고, 불리함이 또 다른 불리함을 낳는 경우다.

정황은 또 있다. 나는 4년째 신문사 기자로 일하고 있는데, 이 직업에 진입할 때 내가 이 직종에서 성공하기에 몇 가지 불리한 점을 지니고 있다고 생각했다. 그중 하나가 술이었다. 나는 술을 많이 마시지 않는다. 위장이 약하기도 하고 늦게까지 이어지는 단체 술자리 자체를 즐기지 않는다. 나는 통상 '오후 6시' 내지 정해진 퇴근 시간 이후에는 집에 돌아가 가족 혹은 자기 자신과 시간을 보내는 삶의 형태가 바람직하다고 학생 때부터 믿어왔다. 책을 읽고, 산책을 하고, 글을 쓰고, 그림을 그리며 자기 자신을 채워나가는 시간이 확보되어, 좀 더 '깊은' 사람들로 채워진 사회에서 살 수 있기를 바랐고, 바란다. 대학생 때부터 '술자리'는 그것을 방해하는 일등공신이었다. 직장에 들어오니, 술자리 문화가 많이 바뀌었다고는 하지만 사람을 통해 정보를 얻는 것이 주 업무인 기자들은 저녁 술자리를 회피하기 어렵다. 다 거절하고 피하는 게 아예 불가능하진 않겠지만, 결국 정보를 다루는 직종에서 정보를 얻지 못하면 낙오될 수밖에 없는지라 위기감을 가지지 않을 수는 없다. "요샌 술을 많이 마시지 않아도 된다"고 말하는 사람들의 이야기 뒤에는 반드시 '대신'이라는 말이 붙는다. 술을 안 마시는 '대신' 무언가 다른 것을 잘해야 한다는 것이다. 하지만 현 상황에서 술자리 문화 자체를 '남성 문화'라고 잘라 말하기는 조심스럽다. 술자리에서 정보를 주고받는 것은 분명 오래전 남성사회가 만들어낸 문화이지만, 지금은 그 자체로 깰 수 없는 관행으로서 자리를 잡아 성별을 불문하고 괴로움을 주고 있지 않나 싶다. 물론 아주 근본적으로 남성과 여성의 놀이문화의 차이가 있어 남성이 이 관행에 더 잘 적응할 수 있고 애초에 취재원 중에 남성이 많아 '형님, 아우' 하며 어울리기에 더 유리하다는 사실을 무시하기는 어렵다.

지금 상황은 정말이지 분명치 않다. '양식 있는 남성들'은 성추행을 저지르는 대신 여성을 피하며, 정부와 기업은 '배려 깊게도' 대기업에 다니는 여성들에게 아이 셋을 낳고 육아휴직을 3년~6년 하라고 권한다. 바로 그 연차 때 가정과 건강을 포기하고 야근과 접대에 찌든 삶을 살아야 10년 뒤 정리해고를 당하지 않고 능력 있는 직장인으로 인정받을 수 있는 노동 구조는 그대로 두고 말이다. 초점이 안 맞는 것 같지만 배려는 배려인지라 거절하기도 어렵고 '여성이 피해자'라는 말은 더더욱 꺼내기 어려우며 여성들끼리 뭉치기도 힘들다. 여성 개인으로서는 이럴 수도 저럴 수도 없는, 그 어떤 것도 하기 힘든 시기다. ∽ 김효진

○

'동기'도 아닌, 그렇다고 '여자'도 아닌

'배를 타고 떠나는 세계 여행의 기회',
'등록금 전액 국비 지원', '전원 기숙사 생활'
'피복 및 급식 국비 지원', '취업률 100퍼센트'

위와 같은 조건은 식당을 운영하며 생계를 꾸려가는 부모님을 둔 나에게 매력적인 조건임에 틀림없었다. 다만 "여학생을 남학생 총원 대비 10퍼센트 미만으로 규정한다"는 조항이 '여자인 네가 이 학교에 오려고? 각오해야 할 거야'라고 경고하는 듯했지만 그때의 난 이것저것 따질 형편이 안 됐다.

2006년 봄, 난 ○○해양대학교 해사대학에 입학했다. 해사대학은 상선에 승선하는 선원을 양성하는 교육기관이다. 입학 후 일주일 간 적응 교육 기간을 거쳤다. 적응 교육의 목적은 해사대학 신입생으로서 해사대학의 전통을 익히고 동기 간 단결력을 도모하는 데 있었다. 매일 지옥 같은 훈련을 받았고, 물도 마실 수 없었으며 화장실도 선배의 허락을 받아야만 갈 수 있었다. 웃어서도 안 되고, 24시간 내내 긴장을 하며 진지한 상태를 유지해야 했다. 자는 도중 언제라도 선배가 깨우면 일어나서 훈련을 받으러 방을 뛰쳐나가야만 했다. 물론 샤워도 철저히 금지됐다.

적응 교육의 마지막 날 동기들끼리 모두 어깨동무를 한 채 '동기가'를 부르는 것으로 교육은 끝이 났고, 우리 모두 해사대학 동기라는 끈끈한 연대의식이 생겼다고 믿었다. 적어도 그날만은 그랬다.

나만의 착각

며칠 지나지 않아 그 생각은 순전히 나만의 착각이었다는 것을 깨닫게 되었다. 그들에게 해사대학 여학생은 '동기'도 아닌, 그렇다고 '여자'도 아닌 뭔가 말로 표현할 수 없는 어떤 존재일 뿐이었다.

〈동기가〉에는 "한 가치 담배도 나눠 피우고~"라는 구절이 나오는데, 여학생들은 담배를 나눠 피우는 것은 고사하고, 누군가의 시선이 닿는 곳에서 혼자 조용히 담배를 태우기라도 하는 날에는 린치를 당하거나 온갖 추잡한 말로 생매장을 당하다시피 했다. "여학생 구역에서 담배꽁초가 나왔다더라." "어제 2층 복도 끝에서 ○○이 담배를 피우는 것을 봤다." 하루 종일 이런 얘기로 자기들끼리 떠드는 것도 모자라 담배 피운 여학생의 이름을 캐묻기 바빴다.

학생회 조직에서도 여학생들이 맡을 수 있는 직책은 한정되어 있다. 사관장, 정책부장, 기획부장 등의 주요 직책은 남학생이 맡고, 상대적으로 남학생이 하기 꺼려하는 여학생 부장, 여복지사관 등의 직책들이 여학생 몫으로 남겨진다. 진정한 동기로 거듭나기 위해 미친 듯이 공부하고, 남학생들과 똑같이 훈련받고 노력해도 여학생들은 그들만의 리그에 낄 수 없다. 오로지 그들이 허락해준 여학생들만의 리그에서 서로 경쟁하고 밟고 일어서며 그들과 같아지기 위해 그들에게 인정받기 위해 노력할 뿐이다.

입학 후 '동기'와 '여자' 사이에서 끝없는 줄타기를 해야 하는 여학생들은 점점 혼란스러워 하며, 이런 상황이 피곤하고 뭔가 이상하다는 생각을 갖게 되지만 그것이 정확히 무엇인지 알 길이 없어 무력해진다. 이런 문화가 밑바탕이 된 조직에서 직업을 얻을 수 있는 기회, 경력을 쌓을 수 있는 기회가 여남에게 동등하게 주어질 리는 만무하다. 대한민국의 수많은 해운회사 중에서 해기사로 여학생을 채용하는 회사는 고작 3곳인데, 이 역시 구색 맞추기에 지나지 않는다. '남학생 50명 채용, 여학생 2명 채용' 이런 식으로 구분해서 채용하기 때문에 여학생들끼리의 경쟁은 더욱 심화되고, 채용의 기회를 얻기는 하늘의 별따기다.

지난한 과정을 거쳐 채용된다 하더라도 여성 해기사로 해상에서 근무하기란 녹록지 않다. 일상적으로 행해지는 성희롱에 사람 좋은 웃음을 지으며 상대방의 기분을 상하게 하지 않는 범위 내에서 유연하게 대처해야 한다. 재수 없이(?) 성폭력을 당했을 때에는 '여아일언중천금'의 정신으로 입을 틀어막아 상대방의 위신과 자신의 평판을 사수해야 한다. 더 재수 없이(?) 임신이라도 했을 경우에는 살포시 고개를 떨군 채 신속히 배에서 내려주셔야 한다. 나 자신(여성)이 배 안에 존재한다는 사실만으로도 불편해하는 그들만의 여러 가지

사정을 항상 들어주고 배려해야 하며 남자 동기들에 비해 승진이 늦더라도 그런 것쯤은 대장부(?)처럼 "허허허" 웃어넘길 줄 아는 아량을 보여야 한다. 각국의 항구에 입항할 때마다 자연스레 이루어지는 성매매를 보고도 못 본 척, 그들의 음담패설을 듣고도 못 들은 척, 따지고 싶어도 말을 못하는 척, 삼중고의 고통을 내면화하는 것도 필수다. 왜 이렇게 사는 게 힘들까? 남자들도 이런 고민들을 하며 힘들어할까?

난 이제 떠난다. 다시 바다로. 앞선 의문들과 내가 있어야 하는 공간에서의 수많은 부당함과 마주했을 때 어찌해야 하는지에 대한 고민을 안은 채. 그동안 나는 행복해지기 위해서 여성단체의 문을 두드렸고, 그 안에서 연대하고 서로 지지해주는 과정을 겪으며 행복해졌다. 그 힘으로 이제 타인의 눈치를 보고 맞춰가기 위해 애쓰며 불안해하지 않을 것이다. 지지해주고 응원해주는 페미니스트들이 있기에, 스스로 단단하고 꽤 괜찮은(?!) 페미니스트가 되었다는 막연한 자신감이 있기에 난 두렵지 않다. ∽ 월경

여자라서 안 된다고?
해내겠어, 바꿔놓겠어

여자는 안 키운다고? 오기가 생기다

사회생활 초기에는 그저 나의 '성장'이 목표였던 것 같다. 토목설계라는 남초 직장에서 여자 직원의 위치란 그저 남자 직원의 보조역일 수밖에 없었다. 이 업계에서 '여자는 성장할 수 없다'고들 했다.

사실 막 입사했을 때는 누구나 그렇듯이 그저 일하고 월급 받는 평범한 사회생활의 시작이겠거니 생각했다. 하지만 그런 차별적인 말들을 듣다 보니 오기가 생기기 시작했다. 왜 여자는 안 되는 걸까? 같은 일을 하는데도 왜 여자는 인정받고 성장할 수 없는 걸까? 오기가 생겼다. 해내고 싶었다. 보란 듯이, 여자도 잘할 수 있고 성장할 수 있다는 것을 보여주고 싶었다.

노력했다. 나 자신을 더 강하게 무장할 수 있는 시간이었다. 일에 매진하는 노력 끝에 남자 동기보다 먼저 승진했고 그만큼 인정을 받기 시작했다. 그렇게 더 많은 것들을 배우고 성장하고 싶었다. 하지만 몇 가지 불합리한 일들을 보면서 그 회사에서는 더 이상의 성장을 이룰 수 없다는 판단이 들었다. 과감히 사표를 던지고 새롭게 다른 곳에서 시작했다.

혼자 팀을 만들어서 거의 독학으로 정말 열심히 일만 했던 것 같다. 모르면 이전 직장의 선배들에게 귀찮을 정도로 도움을 청했다. 전화로든 두 발로 뛰어서든 술을 사주면서든 어떻게 해서든 물어보고 배워가며 거듭거듭 성장을 이어가려 했다. 일하는 동안 야근/철야는 밥 먹듯이 했다. 아침에 출근한 그 자리에서 다음날 해 뜨는 것을 보게 되는 일이 다반사였다.

여자가 어딜 들어오냐

남초 집단에서의 사회생활은 녹록지 않았다. 어느 정도 일머리를 알고 외부 회의를 참석해야 할 정도의 자리에 올랐을 때의 일이다. 직업이 토목설계이자 지반 쪽의 일이다 보니 현장 가는 일이 많은데, 그날은 터널 현장을 방문하게 되었다. 그런데 입구에서 거절을 당했다. 여자가 어딜 들어오냐고 문전박대를 받았다. 내가 설계 담당자이고 현장을 답사해야만 한다고 설명했으나, 한사코 안 된다는 말에 결국 들어가 보지도 못하고 돌아올 수밖에 없었다. 다음날 다른 남자 직원이 재방문을 해야 했다.

그때는 정말 억울하고 서러웠다. 산을 뚫는 터널에 여자는 들어오면 안 된다는 현장 사람들의 미신 탓이라고 넘기고 싶었다. 그럼에도, 내가 담당자임에도 거절을 받게 되는 일은 무척 기분 나빴고 자존심이 상하는 일이었다. 이렇게 여자라는 이유로 현장과 거래처에서 거절당한 적이 여러 번 있었다. 일은 똑같이 하는데 왜 거절당해야 하는지, 억울하고 화가 났다. 이런 억울함은 감당하기 쉽지 않았다.

블루스는 두 분이 추시죠

그래서 결심했다. 이런 대우를 반드시 이겨내고 바꿔놓아야겠다고 다짐했다. 꼭 내가 결정권이 있는 위치에 가서 차별받는 여자 후배들이 없도록 해야겠다 싶었다. 꼭!

지금 직장에서는 어느 정도 권한을 가지고 여자 후배들을 입사시키고 이끌어주고 있다. 성차별적 조직문화가 생겨나지 않도록 막아주는 상사가 필요하다고 생각했고, 그런 상사가 되려고 노력했다. 한 번은 회식 후 노래방에 갔는데 어떤 남자 직원이 능글맞은 상사에게 블루스 추시라며 여자 직원을 데려다주었다. 그런 모습이 싫어서, 가만히 있으라고, 상사의 블루스 상대는 내가 지목할 거라고 하고는, 사장을 지목해서 두 분이서 블루스 추라고 했다. 회식 때 젊은 여직원을 남자 상사 옆에 일부러 앉히는 분위기가 생기지 않도록 노력했고, 여자라고 연봉이나 입사에서 차별당하지 않도록 했다.

하지만 다른 곳에서는 예전의 나처럼 억울한 상황을 겪고 있는 여성들이 있으리라 생각한다. 지금은 사회가 많이 바뀌었다고 하지만, 아직 우리나라에서는 여성 차별은 팽배해 있다. 다행히 나는 어릴 때부터 '할 말은 해야 하는' 타입이었다. 일은 확실하게 하는 대신, 부당한 상황이 있을 때는 확실하게 말했고 '쎄게' 나갔다. 그런 내 경험을 바탕으로, 힘들어하고 있을 여성들에게 목표를 빨리 정하면 스트레스는 덜할 것이라고 말해주고 싶다. 그리고 무엇보다 자신감을 갖고 당당하라는 말을 해주고 싶다. 내 생각과 내 의지를 주장하는 것이 쉽지 않을 수 있다. 하지만 커리어의 목표가 생기면 많은 것들을 이겨낼 수 있고, 그래서 더 당당할 수가 있다.

지금 와서 뒤를 돌아보니 정말 일만 하고 지냈던 것 같아 서글퍼진다. 다행히 지금은 편안하다. 내가 하고자 하는 여러 가지 일들을 편히 할 수 있게 되었고 일에 대한 여유가 생겼다. 지금 이렇게 여유를 누릴 수 있는 것은 그간 고된 생활의 산물이 아닌가 싶다. 그리고…… 적어도 내가 있는 일터에는 여성이라는 이유로 겪는 차별은 없을 거라고 기대해볼 만하고, 계속 그럴 수 있도록 애쓸 것이다. ∽ 프마

○

직장인 건강검진 체험기

아랫배가 묵직하다. 이건 똥배도 아니고 밥을 많이 먹어서 불룩해진 배도 아니다. 생리할 때도 아닌데……. 갑자기 머릿속에 빨간불이 켜진다. 혹시 자궁에 이상이?

나이 서른이 넘어가기 전에는 2박 3일 밤을 새워 일을 하더라도 다음 날이면 여느 날과 다름없이 나의 몸은 제자리를 찾아왔었다. 그러나 불규칙적이고 무절제한 생활이 길어지면 길어질수록 체중도 기하급수적으로 늘어났고, 어느새 가족들이 몰라볼 정도로 나의 몸은 내 것이 아닌 듯 변해버렸다. "넌 누구냐." 5년 정도 만나지 않았던 아버지의 놀라운 반응은 아직도 뇌리에 남아 있다.

여러 가지 노력도 했지만 작심삼일이었다. 나의 이 놀라운 의지박약함이란……. 그러다 어느새 '그래 작심삼일만이라도 자주 하자'는 마음을 먹게 되었다. 몸에 좋다는 생식을 구입해서 저녁 대신 생식으로 때우고 가급적이면 인간관계도 끊어버리고 술자리 약속을 피하자고 굳게 결심했다. 그러기를 한 달. 웬일인가. 배고플까봐 여러 숟가락을 타 먹은 생식이 화근이었을까. 허기진 배를 조금 달래기 위해 먹었던 약간의 저녁식사는 나에게 5킬로그램이라는 몸무게를 선사했다. 이러저러해서 원래보다 30킬로그램 이상의 많은 살들을 모시고 다닌 지 어언 8년이 되어간다. 그리고 아침이면 바닥을 제대로 딛을 수 없는 허약하지만 튼튼한 다리와 여기저기 몸이 쑤시는 증세들을 달고 산다.

서른이 넘어가면서 조금씩 나의 몸과 건강에 대해서 자각하게 되었다. 그리고 나의 생활습관을 바꾸지 않으면 안 되겠다는 생각을 하던 중이었다. 그러다 얼마 전부터 나의 아랫배에서 생리통과 다른 묵직함을 느낄 수 있었는데, 혹시나 하는 생각에 겁부터 덜컥 났다. 나이의 문제인지, 환경이 그만큼 여성의 몸에 안 좋아져서인지는 알 수 없지만, 몇 년 전부터 자궁근종이나 여성질환에 걸린 이들을 많이 보았기 때문이다.

내 몸의 아픔에 귀를 기울이기보다는 치료비용을 어떻게 감당할지에 대한 걱정이 먼저 떠올랐다. 해지하고 남아 있는 보험의 수를 헤아려보니 종신보험과 모 카드회사에서 싸게 홍보한 건강보험이 있었다. 그런데 정작 그 보험으로 무엇이 적용되는지에 대해서는 너무나 무지했다. 약관을 받아놓고 꼭 읽어봐야지 했던 것이 책상 위에 먼지를 뽈뽈 날리며 빳빳하게 서 있었다. 이것저것 알아보고 여성질환에 적용되는 보험을 가입할까? 그리고 보험이 적용되는 6개월 뒤에 검사를 받는 거야, 그러면 설사 질환이 있더라도 마음은 놓이겠지. 하지만 이내 생각을 가다듬고 몸의 신호에 충실하기로 했다. 마침 직장인 건강검진 기간이라 내 몸이 자꾸만 전달하는 그 신호에 대해서 의사와 상담을 해봐야겠다고 결심했다.

자궁경부암이나 자궁근종이 있는지 알려면 초음파 검사를 하는 건가? 어떻게 해야 하는 거지? 예전에 건강검진을 받았을 때는 할 건지 말 건지 물어봤었던 것 같은데……. 아니다. 미혼인 경우에는 아예 물어보지도 않았던가? 천천히

검진센터를 둘러보는데 간단한 기구들만 즐비하다. 여기서는 그런 검진은 안 하나? 추가 검진은 어떻게 해야 하는 거지? 아휴…… 난 왜 이렇게 모르는 게 많은 게야……. 역시 게을러서 그런가…… 쯧쯧……. 속으로 여러 생각을 하고 있는 가운데 간호사가 들이미는 검진표를 받아들고는 소변검사와 피뽑기, X-ray, 시력/청력검사를 정신없이 해댔다. 마지막으로 키와 몸무게를 재고 나니 15분이 채 되지 않은 시간이 지나 있었다. 그리고 의사와의 면담시간! 불안하게 하는 나의 몸 신호가 별 게 아니라는 의사의 확답을 받고 싶었다. 그리고 뭔가 문제가 있다면 그다음에 생각하고 대처하면 될 거라고 나를 다독였다. 의사는 나의 검진표를 잠시 본 후 질문을 던졌다.

"최근 아파서 병원 가본 적이 있나요?"
"아니요."

그리고 또 질문이 있을까 잠시 뜸을 들이고 있는데, 간호사가 검진표를 주더니만 나가서 기다리란다. 정말 얼떨결에 진료실에서 떠밀려 나왔고, 그다음 사람이 진료실로 들어갔다. 질문은커녕 생각할 시간도 없는 찰나의 순간이었다. 옷을 갈아입으며 의사의 태도뿐만 아니라 건강검진 시스템에 대한 화가 치밀어 올랐다. 그리고 다람쥐 쳇바퀴 돌리듯 진행되는 검진 과정에서 이것저것 물어보지 않고 그냥 시키는 대로 다 한 나의 모습에도 약간 짜증이 났다. 어쨌든 끝난 건 끝난 거니까……, '원래 이런 건 줄 몰랐어?'라고 되물으며 '기대할 걸 기대해'라는 식으로 마음을 정리했다.

건강염려증일지도 모르지만 어쨌든 의사와의 상담을 통해서 불안을 덜어보자는 생각은 큰 기대였다. 같은 날 다른 시각에 검진을 받은 동료도 같은 이유로 짜증이 이만저만이 아니었다. 서로 공감대를 나누다가 결국 입소문으로 유명해진, 친절하고 세심하게 상담을 한다는 의사를 찾아서 진료를 받기로 했다.

건강한 직장생활을 위해 한다는 건강검진…… 적어도 병을 키우지 않는 건강검진이 되었으면 한다. 건강검진을 받긴 했는데도 불안감은 가시지 않고 여전히 찜찜하다. 어차피 비용을 들여 시행하는 것인데, 이왕 하는 거 신뢰감을 주도록 할 수 있지 않을까? ∽ 나디아

페미니스트 의사가 되겠다던 야심찬 결심

나는 성폭력 사건 해결을 지원하는 페미니스트 의사가 되겠다며 야심차게 다니던 공대를 접고 의대에 다시 입학했었다. 산부인과나 정신과를 하면 도움이 되겠다 싶어서 마음 둔 적이 있었고, 의대 중반 즈음엔 법의학을 다룬 만화와 드라마에 빠져 성범죄 전문 법의학자가 되어야겠다고 마음을 먹었던 적도 있었다. 강간살해범을 용서할 수 없다며 지도교수님께 부탁드려 청운을 품고 찾아간 국립과학수사연구소 실습 첫날, 남자친구에게 토막살해 당한 여성의 사체를 보았고, 분노를 삭일 수 없었으나 평생을 그렇게 살 수도 없을 것 같던, 그 하루 만에, 법의학은 포기했다. 지금은 정신과도 산부인과도 법의학과도 아닌, 가정의학과 전공의 2년차 중반을 넘기고 있는 중이다.

내가 가정의학과 전공의라고 소개하면, 그 과는 대체 무엇을 하는 과인지 많이들 궁금해한다. 가정의학과는 다른 전문과에서 보는 질환 중에서 지역 사회에 살고 있는 사람들이 가장 많이 걸리는 질환들을 주로 보는 과인데, 현대의학이 너무 전문화/세분화되다 보니 일반적인 질환을 보는 과가 없고, 질환이 아닌 사람을 전인적으로 보는 과가 없어 생겨난 과이다. 그래서 '전공의'이기는 하지만 전공과목은 뚜렷이 없는 셈으로, 이 과 저 과 떠돌아다니며 일하면서 내게 필요한 것들을 직접 찾아 배워야 한다.

얼마 전에는 성폭력/가정폭력 ONE STOP 센터에서 피해자 여성들을 진찰하고 검진하는 역할을 맡았고, 그 일과 관련해서 경찰서에서 조사를 받았다. 내가 담당했던 피해자의 사건이 검찰까지 올라갔고 담당 검사가 "초진한 의사의 진술이 결정적일 것 같으니 참고인 조사를 하도록 하라"는 수사 지휘를 내려주어, 고맙게도 경찰에서 나를 불렀던 것이다. 바빠 죽겠는데 경찰서로 오라 가라 하는데도 검사의 수사 지휘가 고맙다고 느껴졌던 이유는 피해자의 여러 가지 상황 때문이었다. 피해자는 술집을 경영하는 여성이었다. 가해 남성과 원래 알고 지내던 사이였고, 그날 룸에서 함께 술을 마시던 중 강간을 당했던 것이다. 그리고 역시나 '화간이니, 강간이니' 하는 말도 되지 않는 싸움에 휘말려 있었다.

나는 조심스럽게 담당 형사에게 "형사님 생각은 어떠시냐"고 물었다. 그는 반반인 것 같다고 대답했다. '강간일 것 같기도 하고, 처음 시작은 화간인데 폭행이 있었다 보니 피해자가 말을 바꿨을 수도 있다'는 거였다. 이것이 무슨 수사하는 사람의 태도란 말인가. 짜증이 났지만, 나는 '객관적인(!) 전문가' 행세를 하기로 작정했다. 다행히 나는 그날과 그 피해자를 기억하고 있었고, 담당 형사 앞에 놓인 여러 장의 사진들이 나의 기억을 분명히 일깨워주었다. 그 사진들은 그날 응급실에서 내가 ONE STOP 센터의 직원분과 함께 피해자의 몸 구석구석 조금이라도 상처가 있는 곳이면 다 찍어놓았던 것들이었다.

한때 성범죄 전문 법의학자를 꿈꾸었던 나는, 여기서 어떻게 말을 잘해야 피해자에게 유리한(적어도 불리하지 않은) 상황이 될까 생각했다. 낮은 목소리로, 텔레비전에서 보았던 CSI 대원들의 말투를 흉내 내며, 사진에서 보이는 상흔들이 어떻게 하다가 생긴 것인지 설명했다. 상흔의 위치로 보아 당시 가해자와 피해자의 자세는 어떠했을지 그림을 그려 보여주었고, 마치 우리 의사라는 종족들은 상흔 위치만 보고도 범죄를 재구성해낼 수 있는 무슨 전문적인 교육을 받기라고 한 것처럼 능청스럽게 말했다. 이 연기에는 예전에 읽었던 『여검시관 히카루』, 『법의학자 사요코』 등의 만화 속 일화들이 이용되었다. 그러고는 당시 피해자의 의식 상태와 술에 취한 정도, 술에서 깨어날 때의 모습 등등을 종합해서 "법의학적 소견으로 보았을 때 '강간일 가능성이 훨씬 높으며', 분명 피해자가 술에 취한 상태이기는 했으나 폭행에 의해 의식을 잃었을 가능성이 충분히 있다고 보인다"고 대답했다. 나는, 담당 형사가 내 말을 단어 하나 다르지 않게 잘 타이핑하도록 하기 위해서 같은 문장을 여러 차례 반복해서 말했고 '법의학'이라는 단어를 힘주어 발음했다. 담당 형사는, 내가 상흔의 위치와 강도를 들먹이며 이번 사건은 폭행에 뒤이은 강간 사건이라고 말했을 때, 내 판단을 받아들이는 표정이었다. 적어도 가능성이 반반이라고 애기하던 때와는 달라져 있었다(고 확신했다). 이 정도면 경찰서에 오는 데까지 들었던 택시비 2만 원이 아깝지 않아(라고 생각했다).

2시간에 걸친 참고인 조사가 끝나고, 경찰서를 빠져나오면서 나는 몇 가지가 짐작되어 씁쓸했다. 페미니스트 의사라고 나를 커밍아웃하는 것보다 객관적인 전문가인 척하는 태도가 사건의 재판 과정에서 더 도움이 될 것이라는 점과, 저 담당 형사는 나한테 친절하게 대했던 것만큼은 피해자에게 친절하지 않았을 거라는 점…… 그런 것들이 짐작되었다. 씁쓸한 감정과 함께 처음 성폭력 피해자를 위해 일하는 의사를 꿈꾸며 의대에 입학할 때가 떠올랐다. 나는 이런 것을 꿈꾸었던 게 아닌가? 막상 닥치자 뭔가 어색하고 씁쓸하다. 학생 때의 나는, 여성 단체에서 일할 때의 나는 피해자의 곁에서 싸우고 있었는데 지금은 이렇게 객관적인 체하고 있다니.

그래도 몇 가지 고마운 점이 있다. 내가 의대에 처음 진학할 때의 그 마음을 여전히 가지고 있다는 것과, 응급실에 왔던 모든 환자나 피해자를 기억하지 못하지만 그 피해자만은 유독 잘 기억하고 있었던 것과, 담당 검사가 어찌 알고 경찰에게 하필이면 초진 의사인 나를 불러 조사를 하라고 지휘를 한 것과, 연이은 당직에 조사받으러 나가기 힘든 상황이었는데도 기꺼이 당직을 대신해준 동료가 있었던 것과, 그녀, 그 피해자가 여러 가지 불리한 상황에서도 꿋꿋이 재판을 지속해가고 있다는 것과, 성폭력 사건들이 경찰 수사 과정으로 쉽게 넘어갈 수 있도록 ONE STOP 센터가 여러 도시에 운영

되고 있다는 것.

지금 나는 여성들이 직접 출자하고 함께 운영하는 동네 병원, 이웃이 서로 돌보며 건강을 지키는 생활 공동체, 여성주의 의료생협*을 준비 중이다. 전문의가 된 후 조합원들이 인준해준다면 생협 의원에서 일할 포부도 가득하다.** 내가 느꼈던 씁쓸함과 고마움을 떠올리면서, 페미니스트 의사가 되기로 결심했던 그 마음을 새삼 가다듬어본다. ∽ 무영

* 현재는 살림의료복지사회적협동조합.

** 무영은 현재 살림의료복지사회적협동조합 살림의원에서 가정의학과 전문의로 일하고 있다.

회사에서 커밍아웃하기

2014년 12월 30일. 회사에서 커밍아웃을 했다. 오래전에 써둔 메일이 있었고, 그날 계기가 있어 실원 20명에게 보내는 전체메일 발송 버튼을 눌렀다. 메일을 꽤 공들여 썼다. 내가 동성애자임을 밝히고, 실원들을 위한 행동 가이드도 친절하게 알려주었다.

이런 커밍아웃이 처음인 분들을 위해 가이드를 드립니다.

1 · 동성애자를 이렇게 가까이서 보는 게 태어나서 처음이다……라는 분들은, 제 덕분에 귀하의 인생 경험치가 레벨업 되었으니, 제게 고마워하시면 됩니다.

2 · 이미 짐작하고 계셨던 분들은, 귀하의 센스를 칭찬하시기 바랍니다.

3 · 동성이든 이성이든, 난 유이치의 연애담이 궁금할 뿐이다……라는 분들은, 제게 술을 한잔 사시면 됩니다.

4 · 제게 별 관심이 없으셨던 분들은, 앞으로도 계속 관심 없이 지내시면 됩니다.

5 · 호모포비아가 있는 분들은, 혹은 악에 물든 유이치의 구원을 위해 기도를 해야겠다 싶으신 분들은, 귀하의 뜻대로 하십시오. 저는 당신의 반응에 일방적으로 상처받지 않을 정도의 멘탈은 갖추었습니다.

이 커밍아웃이 제 회사생활에 큰 변화를 가져다줄 것이라 생각하지 않습니다. 다만, 제 그늘진 마음에 빛과 바람이 통하길 바라는 마음으로 적습니다. 2015년 새해에도 21세기 직장인답게 무심한 듯 시크하게 여러분과 인사 나눌 수 있길 바랍니다. - 유이치 드림.

마침 나는 오후 휴가를 낸 날이었고, 내가 없는 사무실에서 메일을 본 실원들 중에서 제일 먼저 침묵을 깬 것은 실장님이었다고 전해 들었다. "저는 2, 3번이요." 전체 메신저 창에 던진 실장님의 말을 시작으로 서로들 몇 번인지를 읊기 시작했단다. 1번이었던 동료 한 명은 내게 따로 사과 메일을 보내주었다. 그동안 전혀 몰랐고 혹시나 자신의 무심함으로 상처 준적이 있다면 미안하다며.

이후 나는 한결 편안해졌다. 회사 사람들과 점심 식사 후 들린 가게에서 캐릭터 양말을 고르며 "응, 커플템으로 하려고"라는 소소한 말을 입 밖으로 낼 수 있었다. 술자리에서 남자 후배가 자기는 초식남처럼 살 사람인데 주변에 롤모델이 없어서 막막하다는 고민을 토로할 때면 나의 20대를 떠올리며 공감해줄 수도 있었다. "이성애자들은 부모님을 보면서 결혼하고 애 키우고…… 삶의 기본적인 라이프스타일을 익힐 수 있는데, 난 그렇게 머릿속에 그려지는 그림이 없어서 막막했던 시절이 있었어. 그래서 롤모델 없는 삶이 주는 막막함이 뭔지 알 것 같아." 하루 중 대부분의 시간을 보내는 동료들과 자유로운 대화가 가능해졌고, 숨 쉴 때의 공기가 달라짐을 느꼈다.

내 정체성을 이미 알고 있던 친구들은 사전에 자기에게 의논했다면 무조건 사내 커밍아웃을 말렸을 거라고 했다. 그럴 때면 나는 이렇게 말한다. "나도 누울 자리를 보고 다리 뻗은 거야." 동료들 속에서 자유롭게 숨 쉬고 싶다는 마음은 진심이었지만, 어느 소설가의 말대로 진심은 진심만으로 전달되지 않는다. 소설가라면 잘 짜인 플롯과 캐릭터를 통해 진심을 전달했을 것이다. 나는 플롯도 캐릭터도 만들 수 없었지만 내가 가진 조건과 수단을 확인했다.

나는 실장님이 내 정체성을 눈치 채고 대화에서 나를 배려해주고 있다는 것을 알고 있었고, 나는 이곳에서 실장님 다음으로 나이가 많은 직원이었다. 여성이 다수인 조직이라 동성애에 상대적으로 관대했고, 착실한 기독교 신자들이 있었지만 상식적인 동료들임을 알고 있었다. 다른 부서와 협업이 거의 없는 조직이라 뒷말이 확산될 가능성도 적었다. 나는 여기서 내 능력을 인정받길 기다리고 있었다. 팀 쿡도 애플에서 어느 정도 성공을 인정받은 후에야 커밍아웃했다는데, 나 같은 일개 노동자야 말해 무엇하리. 커밍아웃에 유리한 조건들이 있었고, 적절한 타이밍이 있었기에 내게 가장 효과적인 전달 수단(이메일)을 택해 커밍아웃할 수 있었다. 지금 나는 정체성을 확인한 청소년기 이후 가장 내적 갈등 없는 삶을 누리고 있다.

석 달 전에 신입사원 셋이 들어왔다. 이들에게는 또 언제 어떻게 커밍아웃해야 할지 생각해야 한다. 그래도 첫 커밍아웃보다는 수월할 것이다. 회사에서 이번에 업데이트한 기업

윤리강령 첫 번째 항목은 "다양성을 인정하고 서로 존중합니다"였다. '성 정체성', '성적 지향' 항목도 포함되어 있어 반가웠다. 어느 책 제목처럼 "세상은 1cm씩 바뀐다"고 믿는다. 내가 움직이고 우리가 움직이면 어느 날 얼굴을 스치는 바람이 다르게 느껴지는 날이 있을 것이다. ∽ 유이치

여자의 적이 이제 그만 여자였으면 좋겠다

누구에겐들 사회생활이 쉽겠냐만, 요즘 유난히 밥벌이가 괴롭다. 몇 가지 이유가 있지만, 그중에서도 특히 마음을 힘들게 하는 것은 완벽주의적이고 권위적인 상사와의 관계이다. 하루에도 몇 번씩 '내가 이렇게까지 깨져야 할 만큼 무능한 인간인가'라며 자학하기도 하고 '확 때려치워 버릴까 보다' 씩씩대기도 한다. 그나마 숨통을 틔워주는 것은 동료들과의 수다이다. 나의 일터는 문제의 '그분'을 비롯해 구성원 대다수가 여성이고, 그중에서도 내 또래들이 많다. 이들과 이야기를 나누며 사실은 나 혼자만 직장 분위기와 상사와의 관계 때문에 힘든 게 아니라는 안도감도 느끼고, 내가 당한

꾸지람이 단순한 지적이 아니라 도를 넘은 인신공격임을 확인받고 억울함이 좀 풀리기도 한다. 거기에다 동년배 여자로서 공감할 수 있는 이런저런 일상 얘기를 덧붙여 깔깔대다가 오징어 씹듯 스트레스를 질겅질겅 씹어 넘기며 남은 하루를 버틸 힘을 얻고는 한다.

어느 날, 돌덩이보다 무거워진 사무실 분위기 때문에 '그분'에 대한 성토가 절정에 달한 수다 시간에 내가 무심코 한마디 했다. "그분, 너무 남자 같지 않아요?" 뒤늦게 깨닫긴 했지만, 나는 그 상사에게 내가 그동안 겪었던 가부장들의 모습을 투사하고 있었던 것 같다. 그런데 나의 여자 동료들에게 돌아온 대답은 뜻밖이었다. "아니, 전혀 남자 같지 않은데요? 남자 상사는 그렇게 감정적이지 않아요." "오히려 남자 상사들이 더 다루기 쉬워요." "게다가 독신인 여자 상사는 더해요. 결혼을 해봐야 인간관계가 넓어져 이해심이 생기는데, 혼자 사니까 일밖에 모르고 성격도 까다롭고."

'그렇지만 여러분도 언젠가는 누군가의 여자 상사가 될 거잖아요!'라는 안타까운 마음은 목구멍에 걸려 말로 나오지 못했다. 나는 상사가 여자라서 힘든 게 아닌데, 게다가 나이 든 비혼 여성에 대한 편견을 재생산하는 것은 끔찍이 싫은

데, 어쩌다 일이 이렇게 된 건지 모르겠다. 내가 괜히 남자 운운하는 바람에 다른 여성들이 이 사회를 살면서 내면화하게 된 성차별을 끄집어낸 것은 아닌지 죄책감마저 들었다.

사실 이와 비슷한 이야기는 어디에서나 쉽게 접할 수 있다. 성별 불문하고 여성 상사보다는 남성 상사와 일하는 것을 선호한다든지, 여성 상사 밑에서 일하는 직원이 더 큰 스트레스를 받고 여성 상사가 여성 부하의 승진을 오히려 가로막는다든지…… 상사-부하 관계뿐만이 아니다. 동료 관계에서도 남성들은 경쟁하면서도 한편으로는 형님 아우 하는 인맥을 만들어 서로 밀어주고 끌어주기를 잘하지만, 여성들은 동지 의식이 약해 그런 끈끈한 유대관계를 잘 맺지 못하고, 겉으로는 친하게 지내면서도 뒤에서는 시기한다고들 말한다.

여성들이 서로 적대하고 괴롭히는 일이 없다고 이야기하려는 것이 아니다. 단지 묻고 싶다. 남성이 동료나 부하 직원을 비인격적으로 대하거나 권력을 차지하기 위해 수단과 방법을 가리지 않고 행동해도 그것은 보통 그 사람 개인의 문제로 여겨지는데, 어째서 여성이 (특히 공적 영역에서) 부정적으로 행동하면 그게 너무도 손쉽게 여성 집단 전체의 문제로 여겨지는지를. 또한 묻고 싶다. 아직도 여성들 스스로조차 여자의 적은 여자라거나 여자보다는 남자하고 일하는 게 편하다는 이야기를 너무 쉽게 입에 담는데, 그런 믿음이 여자들을 진짜 적으로 만들어버리는 것은 아닌지를.

나라고 다른 여성과의 관계가 늘 편했던 것은 아니다. 따돌림, 무시, 헛소문 같은 교묘하지만 파괴적인 수단으로 상처받기도 했고, 우정을 앞세운 사람에게 이용만 당하기도 했다. 특히 여성이 성차별주의를 수호하는 모습을 보일 때, 예컨대 성폭력/가정폭력 사건에서 남자의 편을 들어 다른 여자를 비난할 때는 크게 분노했다. 여성운동 집단 안에서조차 100퍼센트 완벽하게 이상적인 자매애는 실현되지 않는다. 그럼에도 내가 여성에 대한 편견에 덜 물들고 여성들의 관계 맺기 안에서 여전히 가능성을 보는 이유는 긍정적인 여성상과 여성 연대의 경험을 많이 접했기 때문이라 생각한다.

여성들이 일찍부터 다른 여성들과 긍정적인 관계를 맺고 공동으로 행동하는 경험을 많이 한다면, 결혼 여부와 자녀 유무와 성적 지향 등등에 상관없이 멋있게 나이 들어가는 여성들의 모습이 좀 더 많이 부각된다면 어떨까? 적어도 다른 여성과 트러블이 생겼을 때 "그 사람이 여자라서 이러저러하기 때문에 안 돼, 남자라면 좀 더 다루기 쉬웠을 거야"라고 손쉽게 결론 내리지는 않을 것 같다. 여자의 적을 여자로 만드는 것을 당연하게 여기는 이 지긋지긋한 사이클을 이제는 좀 끊고 싶다. ∽ 단비

비록 사람이 한 개 섬이라고는 하지만

내가 무척 좋아하는 섬이 있다. '무척 좋아하는'이라는 수식어를 달고 있으니 수십 번은 가본 듯하지만, 딱 한 번 가보았을 뿐이다. 섬의 이름은 '조도(鳥島)'라고 한다. 말 그대로 '새섬'이라는 뜻이다. 섬은 팽목항에서 페리호를 타고 삼십분가량이면 닿는다.

다시 조도에 갈 수 있을까

4년 전 진도 여행을 하던 날 오후 늦은 시간이었다. 길바

닥에서 시간을 버리기가 아까워 지도를 보는데, 근거리에 조도가 있었다. 이름부터 무척 근사하다는 생각이 들었다. 지명들이 대개 그렇듯이 섬도 생긴 모양이나 섬에 사는 것들의 속성에 맞추어 이름을 짓는다. 엎드려 땅을 파며 일해서 '굴업도(掘業島)', 작은 사슴처럼 생겨서 '소록도(小鹿島)' 같은 식이다. 그러나 조도는 새처럼 생긴 섬이 아니다. 철새가 많이 오는 섬이라서 조도인 것도 아니다. 조도, 새섬은 주변에 섬이 '새떼처럼 많아서' 새섬이라고 했다.

선착장에 닿자마자 부랴부랴 차를 달려 조도 전망대에 도착했다. 아, 이래서 새섬이라고 하는구나. 섬 주변에 펼쳐진 150여 개의 섬들은 다도해의 풍경에 그치지 않았다. 하나하나의 섬으로 존재하는 새섬'들'이 그곳에 있었다. 새섬, 하고 이름을 부를 때마다 오돌도돌 섬들이 돋아났다. 새섬, 새섬, 새섬. 가만히 부를 때마다 섬들이 "나 여기 있어"라며 손짓하던 저녁나절. 짙푸른 바다와 주변의 가뭇한 섬들과 뽀얀 해무가 온통 조도였다. 나는 그곳이 무척 마음에 들었다.

조도를 다시 만난 건 2년 뒤 지면에서였다. 관광객이 오지 않는 조도의 사정은 이른바 '세월호로 인한 소비위축'의 훌륭한 예시가 되어 신문기사 여기저기를 떠돌았다. 침몰 당시

어선을 끌고 구출하러 갔던 조도 주민들, 단원고 희생자를 추모하던 조도 고등학교 학생들의 목소리는 점점 잊혀졌다. 순수하게 애도하지 않은 자, 모두 유죄였다.

세월호 2주기를 맞아 팽목항을 찾았다. 바다 앞에 떡과 과일이 놓여 있었다. "에고, 안쓰러워서 어떡하누." 옆에 선 아주머니가 눈물을 찍어냈다. 2년 전과 달라진 것이 없었다. 사람들의 탄식이 바다를 덮었다. 아직 건져내지 못한 사람이 있는 한, 조도 앞바다를 오래 바라볼 수도 바다를 건너 조도에 갈 수도 없었다.

애도의 정석을 가르치려는 사람들에게

'우리 모두가 세월호다'라고 했다. 단순히 슬픔과 절박함을 표현하는 수사가 아니었다. 우리가 세월호라는 문장은, 우리가 의지와는 상관없이 내몰리고 파괴당하고 죽을 수 있다는 사실을 의미했다. 우리는 우리가 약함을 알아서, 서로가 맺고 있는 관계의 끈을 놓지 말자고 이야기한다. '함께 살자'는 인간사회가 성립하기 위한 기본명제다. '함께'에 누가 포함되는가 하는 문제는 늘 변덕스러운 약속이긴 하지만 말이다.

2016년 5월 19일 그날 이후 여성들은 '우리 모두 죽을 수 있었다'라고 말했다. 아무리 정신장애인의 탓으로, 계급갈등의 탓으로, 화장실의 탓으로 사건의 원인을 돌려도 진실은 바뀌지 않는다. 강남에서 여성살해의 표적이 되었던 고인이 증명했고, 민우회의 필리버스터가 열리던 날 신촌 여자화장실 앞에 애인을 기다리며 서 있었던 남성이 증명했다. 여성들의 말하기를 애써 외면하고 순수하게 추모하라 윽박지르는 말잔치에, 나는 세월호 참사를 보며 떠올렸던 구절을 다시 한 번 떠올릴 수밖에 없었다.

"우리가 상처를 입을 수 있다는 것, 다른 이들이 상처를 입을 수 있다는 것, 우리가 다른 사람의 변덕 때문에 죽을 수도 있다는 것, 이 모두는 공포와 슬픔의 이유이다. (중략) 폭력의 순환을 저지하려는 데 마음이 간다면 중요한 것은 전쟁에 대한 절규 외에 슬픔으로부터 정치적으로 만들어낼 수 있는 것이 무엇인가를 묻는 것이다." - 주디스 버틀러, 『불확실한 삶』

내가 딛는 삶터가 흔들린다고 느낄 때마다 나는 조도를 생각한다. 우뚝 선 섬 하나가 아니라 보이는 모든 것들이 그 자체로 이름인 섬, 조도를. 요즘 들어 올바른 애도를 가르치려 드는 사람들에게 조도의 모습을 보여주고 싶다는 생각을 한다. 수면 위로 머리만 내놓고 있는 자잘한 섬들이 땅에서 땅으로 이어져, 바닷물 속에서 서로의 까만 손을 꼭 쥐는 상상을 한다. 보는 자의 시선에서는 결코 보이지 않을 것이지만, 우리는 이렇게 연결되어 살고 있지 않은가. 그것이 바로 살아남은 사람들의 몫이었나 싶기도 하다. 고인의 명복을 빈다. ∽ 도미

○

난 어쩌다 페미니스트가 되었을까?

첫 기억은 아버지의 외도와 이에 반발한 어머니에게 뒤따르던 갖은 고생을 보면서 '아, 뭔가 잘못한 사람이 꼭 책임지는 사회는 아니구나' 싶었던 것 같다. 그 많은 고생들이 "여자는 ○○○ 해야지." "남자가 ○○○ 할 수도 있지"로 시작되는 것을 보며 성별이 사는 데 참 큰 기준이구나 싶었다. 고등학교 때는 얌전한 국어선생님으로 가장하고 있던 한 남자선생님이 나와 몇 명의 왈가닥 패거리를 불러 모았다. 그리고 놀랍게도 〈피아노〉와 〈단지 그대가 여자라는 이유만으로〉를 보여주며 우리 반응을 살폈다. 그리고 나중에는 『남자가 생리를 한다면』을 읽히고 그 이야기를 연극으로 바꾸어 공연해보자고 우리를 꼬드기는 지경에 이르렀다. 어머니는 머리가 굵어진 딸내미가 "여자라는 이유로 세상이 어머니에게 부조리하게 돌아가는 것 같아요"라고 말하자 처음에는 흡족해하셨다. 하지만 텔레비전을 보면서 분통을 터뜨리고 밤을 새며 남동생에게 설교하는 나를 보며 뭔가 점차 불안해졌다고 한다.

난 이상한 페미니스트였을까?

대학에 진학하니 신세계였다. 내가 뭔가 이상하다고 생각하던 것이 확실히 잘못된 것이었으며, 미처 생각해보지 못한 것도 잔뜩 있고, 왜 문제인지 쏙쏙 설명해주는 여러 이론과 운동들이 나를 기다리고 있었다. 집회에 학회에 페미니즘 모임까지 하루 24시간이 모자랐다. 내가 세상을 바꿀 수 있다는 자신감보다는 몰라서는 안 될 것 같은 조바심이 있었다. 학생운동이나 여성운동에 최대한 참여하는 것이 내가 생각한 '아는 과정'이었다. 학년이 올라가자 '선배'가 되었다. 내가 옳다고 생각하는 것을 표현하는 데 여러 가지 활용 가능한 도구들도 다양해졌다. 공격적인 말투와 강한 눈빛으로 내 의견을 피력하여 압박하고, 격한 논쟁이 끝난 후에는 같이 담배를 나눠 피는 인간적인 모습. 반성폭력 자치 규약에

죽도록 반대하는 복학생 선배들을 하나씩 따로 만나 술 마시며 친해진 뒤 찬성 몰표를 만들어내기도 했다. 페미니즘에는 찬성하지 않지만 '인간 어라'와는 너무나 친하다고 생각하는 사람들. 나도 다른 페미니스트와 똑같은 말을 하는 건데, 반응이 다르게 나오는 상황들을 마주하면서 이게 잘하고 있는 것인지, 이상하게 가고 있는 것은 아닌지 혼란스러웠다.

길거리에서 시비 붙는 아저씨들과의 싸움은 갈수록 격해졌고, 싸우고 나면 금세 잊어버렸다. 같이 있었던 페미니스트 친구들은 멋진 파이트백 사례라며 속 시원해하기도 했지만, 내가 자기의 적이 아니라 다행이라며, 싸웠던 아저씨보다 내가 더 무섭게 느껴졌다고 살며시 말하기도 했다.

그 길을 계속 걷다 보니

졸업 후 페미니즘 운동 단체인 '언니네트워크' 일을 하다 보니 페미니스트가 아닌 사람을 만날 일이 드물어졌다. 비슷한 생각을 공유하는 사람들과 지내게 되니 격렬한 분노나 논쟁의 한쪽 모습은 사라지고 인간적으로 친밀하게 지내는 모습이 남은 것이다. 이런 상황은 묘하게도 내가 사람과 관계 맺는 방식을 오롯이 드러나게 했다. 그러면서 마주한 나의 페미니즘은 너무 단순하고 거친 것 같았다. 수많은 갈등 상황에 개입하지 않고(혹은 못하기도 하지만) 그냥 스쳐 흐르고는 해서 누구와도 사이좋게 지내는 장점도 있었다. 그래도 생각이 비슷한 사람들과 있을 때 '예리하지 못하고 무딘 페미니스트인 것이 아닐까, 그저 사람을 좋아해서 활동하는 것이 아닌가?' 싶은 생각이 가시질 않았다. 늘 진심으로 사람을 대하고 내가 생각하는 페미니즘을 최선을 다해 표현하고 있다고 믿고 있지만, 공자님 왈 "착한 사람이나 나쁜 사람이나 모두 잘 지내는 사람은 의로운 사람이 아니다"라고 하시니 말이다.

내 스타일~ 페미니즘으로 주민 운동하기

어쨌든 나는 페미니스트로 백 살까지 행복하게 살고 싶었다. 그러기 위해서는 건강이 필수였다. 나의 필요를 직접 만들자니 혼자는 힘들고, 함께 참여하고 책임지는 협동조합이 알맞았다. 건강을 화두로 하는 의료생활협동조합의 경우 근거리 1차 의료, 예방의료 중심이라 지역 주민과 함께하지 않고는 만들 수 없었다. 마을이 페미니즘적으로 건강하지 않고

서는 나도 건강할 수 없으니까. 이제 내가 가진 페미니즘 감수성과 신체적, 정신적, 사회적 건강에 대한 신념을 동네 사람들과 함께 나누어야 할 기회가 온 것이다.

동네에서 주민들이랑 같이 페미니스트 건강 공동체를 만들겠다고 같이 보낸 시간이 7년. 왕년 스트리트 파이터의 격정이 다독여지는 몇 년을 보내고 남은 허허실실한 모습을 어쩌나 싶었지만, 마뜩잖게 여겼던 내 활동 스타일이 잘 쓰일 곳을 찾은 것 같다. 동네에서 만난 사람들은 처음에는 페미니즘을 낯설어하기도 하지만, 사실 말을 더 나누고, 부대끼다 보면 수많은 접점을 발견하고 함께 감동하는 순간들이 꼭 있다. 긴 시간 지치지 않고 사람과 페미니즘을 믿고 서로 영향을 주고받으며 변화하는 것, 조금 무디고 느리지만 나의 페미니즘이 실천되는 방식은 이런 건가 보다.

"우리 동네에 페미니스트들이 많이 와서 동네가 진짜 살기 좋아졌다", "은평에 살림의료생협*이 있어서 자랑스럽다"는 말을 동네 사람들에게 들으면 정말 행복해진다. 그래. 페미니즘은 참 모두에게 좋은 거고 사랑받아 마땅한 거니까! ∽ 어라

* 현재는 살림의료복지사회적협동조합.

점이 아닌 선,
에피소드가 아닌 역사

"하나의 婚靈(혼령)이 이 땅을 떠돌아다니고 있다—가부장의 망령이 깃든 결혼당근주의라는 婚靈(혼령)이. 이 婚靈(혼령)이 씌우지 않은 무리, 즉 婚(혼) 빼는 여자들이 이 유령을 퇴치하기 위하여 각지에서 몸부림을 치고 있다. 婚(혼)을 빼는 사람이 많아질수록 婚靈(혼령)이란 실체 없는 아무것도 아님이 드러나리라." - 전국 婚(혼) 빼는 여자 연합, '결혼안당근주의선언' 중에서

얼마 전 언니네트워크* 책장을 뒤적이다가 12년 전 발간된 연세대 여성전문저널 《두입술》을 처음으로 발견하고 읽

어보았다. 표지를 넘기자마자 공산당선언을 패러디해서 만들었다는 '결혼안당근주의선언'을 읽고 혼자 사무실에 앉아 박장대소했던 기억이 난다. 아니, 婚(혼) 빼는 여자라니, 이런 유쾌한 비틀기가 가능한 선언문이라니. 왜 여태 몰랐던가!

10년 전인 2007년 1회 비혼여성축제**에서 발표된 '비혼 선언문'만을 기억하고 있던 내게, 총여학생회, 페미니즘 자치언론 등 학내 페미니즘 운동이 활발하던 2000년도의 '婚(혼) 빼는 여자 연합'과 '결혼안당근주의선언'은 또 다른 버전의 (비장하면서도 유머러스한) 든든한 '참고문헌'이다. 나는 특히 비혼 여성들에게 이러한 참고문헌이 더욱 더 많이 필요하다고 생각한다. 결국 혼자가 될 것이라는 불안, 아무도 내 삶의 정치를 이해하지 못하는 것만 같은 외로움, 결혼제도의

* 언니네트워크는 2004년 11월 27일에 그 첫 불을 지핀 여성주의 문화운동 단체입니다. '언니'라는 단어는 여성들 사이에서 친근하고 편안하게 불리며 또한 자매애를 표현하는 단어입니다. 언니네트워크는 '언니'와 '네트워크'의 합성어로, 여성들의 연대, 지지, 공감을 중요하게 생각하는 단체의 지향을 담고 있습니다. http://www.unninetwork.net

** 비혼을 고민하는 사람들이 비혼으로 함께 잘 살기를 고민하며 비혼 맞춤형 경제생활, 비혼 차별적 제도를 점검해보면서 비혼 이슈를 사회적으로 공론화해야 한다는 필요성에서 기획된 축제이다. 2007년 3.8여성의 날을 맞이하여 비혼으로 살아가는 여성을 긍정하고, 비혼으로서 살아가기를 선언하는 비혼식을 진행했다.

자장 밖에서 나아갈 길을 잃은 것 같은 혼란—이와 같은 수사들이 비혼의 의미를 채우지 않도록 다잡아주는, 내 삶의 나침반과 같은 참고문헌 말이다. 하지만 비혼 여성들은 충분한 참고문헌을 가지고 있을까?

하나의 플롯, 하나의 대본?

남성 중심적 사회에서 남성들의 관계, 계보, 역사는 '밀어주고 끌어주기', 단 두 단어로 설명할 수 있을 것 같다. 반면, 여성들, 특히 가족 내 역할로 환원되는 '여자다운 삶'의 경계를 넘어서고자 하는 여성들의 삶은 늘 '맨땅에 헤딩'이라는 말로밖에 설명이 안 된다. 캐롤린 하일브런은 여성들이 '이야기들' 속에서 자신의 이야기를 가지지 못하는 이유는 여성들이 단 하나의 플롯을 가질 수밖에 없기 때문이며, 계속해서 자신들이 쓰지도 않은 하나의 대본에만 의지해야 하기 때문이라고 말한다. 남성 중심적 사회에 퍼뜨려진 '여자다운 삶'의 이미지가 너무 강력할 때, 용기 있는 여성들의 '맨땅에 헤딩'은 다른 삶을 상상하는 여성들이 따를 수 있는 역할모델로 기록되고, 기억되고, 소환되기보다 남성사회의 인식에 부합하는 방식으로 규정되고 해석된다. 이상한 여자의 삶이

거나, 이상해서 비참한 여자의 삶이거나.

동의할 수 없는 하나의 대본에는 그것을 상대화할 수 있는 다른 이야기들의 힘이 필요하다고 생각하고, 나는 그것이 페미니즘적 개입이자 실천이자 역사 쓰기라고 생각한다. 우리에게 중요한 것은 특정한 시대를 살아갔던 여성들의 다른 서사를 복원하는 것, 그 여성들이 자신의 열망을 실현할 수 있는 자원을 얻거나 빼앗기거나 협상할 수 있었던 사회문화적 조건이 무엇이었는지를 해석하는 것, 그 의식과 행위, 삶의 의미를 정치적이고 역사적인 것으로 위치시키는 작업이라고 생각한다.

우리의 플롯, 우리의 대본

그래서 1990년에 한국 최초로 독신여성단체 〈한국 여성 한마음회〉를 만들었던 김애순 씨를 만났던 경험은 비혼 운동을 하며 겪은 가장 감동적인 순간으로 기억한다. '비혼이라는 용어가 한국 사회에 등장한 것은 10년이 조금 넘으니, 그 이전에는 독신이라고 했겠지?' 하는 생각으로 포털에서 '독신'이라는 단어를 검색하다 읽게 된 〈한마음회〉의 오래된

기사. "혼자 사는 여성이 늘고 있으므로 그들에게 불리한 현행 세제나 아파트 분양권 같은 당면문제 해결에 힘을 모으고 신체적, 정신적 고통을 당할 때 어려움을 함께 나누기 위해 단체를 창립한다"는, 당시에는 엄청나게 파격적인 취지로 창립한 독신여성단체가 이미 20여 년 전에 한국 여성운동사에 존재했을 거라고는 상상조차 하지 못했다.

〈한마음회〉의 흔적을 찾기 위해 얼마나 많은 우여곡절이 있었는지 지금도 너무나 생생하다. 김애순 씨가 쓴 책 『독신 그 멋과 매력』, 『독신 그 무한한 자유』를 출간했던 출판사는 폐업했거나 너무 오래되어 저자 연락처를 가지고 있지 않았고, 김애순 씨가 활동했던 여러 단체들에 연락을 해보아도 알 수 없다는 대답만이 돌아왔다. 급기야는 김애순 씨가 졸업한 대학 학과 사무실에도 매달려보았지만 마찬가지였을 때의 절망이란……. 그러다 김애순 씨가 살았던 10년 전 집 주소를 알게 되었다. 하지만 여전히 그 주소지에 살고 있을지도 알 수 없었고, 무작정 찾아갈 수도 없는 노릇. 마지막 실낱같은 희망을 가지고 꼭 뵙고 싶다는 구구절절한 편지를 쓴 그날로 등기를 보냈다. 그리고 며칠 뒤 정말로 기적과 같이 김애순 씨에게 연락이 왔을 때—그때의 희열을 무어라 설명할 수 있을까.

92명의 창립회원으로 시작해 400여 명 가까운 회원이 있었던 한마음회의 시작, 독신에 관한 책조차 부모에게 들킬세라 이불을 뒤집어쓰고 봐야 했던 20년 전의 30~40대 독신 여성들, "가시 돋친 장미"라는 말을 들으면서도, "데려갈 사람이 없다"는 말로 둘러대면서도 결혼으로는 꿈꿀 수 없기 때문에 당당히 살아온 독신의 삶. 그 와중에 독신을 위한 교양강좌를 개최하면서, 명절마다 여행을 다니면서, 서로의 삶을 챙기면서 만들어간 네트워크……. 나에게 어색하기만 했던 '선배'라는 명칭과 불투명하기만 했던 '역사'라는 단어가 이렇게 가슴 벅찼던 적이, 손에 잡힐 듯 가까이에 다가왔던 적이 있었을까. 그건 마치 내가 어떤 길 위로 걸어왔는지 알 수 없어 정처 없이 헤매고 있는 것은 아닌지 혼란스러울 때 만난 이정표와 같았다.

잊히지 않고, 기억되기 위해서

한창 〈한마음회〉의 발자국을 찾아다닐 때, 내 이야기를 들은 한 친구가 지나가듯이 한 말이 있다. "나중에 10년, 20년 지나서 너처럼 다른 여성들이 '비혼' 운동이 있었다는 걸 알게 되었다면서 찾아올 수도 있겠네?" 순간 머릿속이 멍해져서 몇 초 정지해 있다가, 낮게 읊조렸었다. "아니, 그렇게 안 되려고 내가 지금 비혼 운동 열심히 하고 있는 거라고!" 만약 내 미래에 그런 장면이 펼쳐진다면 어떤 기분이 들까? 지금은 생각만 해도 너무 씁쓸하고 슬플 것만 같다.

2011년 언니네트워크가 개최했던 〈비혼PT나이트〉에서 스피커 중 한 사람이었던 노미는 "남성들의 말이 그럴듯하게 들리는 건 '스토리텔링'이 되기 때문이다. 비혼 여성의 삶에 대한 더 많은 스토리가 만들어져야 한다"고 말했다. 내가 원하는 것은 '에피소드'가 아닌 '역사'이다. 각자 떨어져 맨땅에 헤딩은 하지 않을 수 있는 인식론적 토대, 때로 혼란스럽고 불안해지더라도 그것을 지탱해줄 수 있는 버팀목, 여성들이 '이야기들' 속에서 자신의 이야기를 가질 수 있고 서로의 참조점이 되어줄 수 있는 역사. 그 역사를 다시 발견하고 새롭게 쌓아가기 위해서, 여전히 여자답지 않은 여자들의 더 많은 이야기들에 귀를 기울인다.

"역사는 인간의 삶을 주어진 범위 이상으로 확장시키는 정신적 구성물이다. 그것은 우리들 각자의 삶에 의미를 부여하고, 없어서는 안 될 닻의 역할을 수행할 수 있다. 우리는 역사에서 삶에 대한 전망을 얻게 되는 것이다. 역사는 우리가 앞선 세대들과 일체감을 갖고 다음 세대들을 염두에 두는 행동을 하게 함으로써 인생의 한정된 범위를 넘어서게 만든다." - 거다 러너, 『왜 여성사인가』

∽ 몽

소통은 가능하다는 희망

누구에게나, 어느 자리에서든, 자신의 의견을 소신 있게 말한다는 것은 쉽지 않은 일이다. 나를 아는 사람들은 선뜻 믿지 않겠지만 나도 그렇다. 나의 말이 이해받을까, 너무 까칠해 보이진 않을까, 내 판단이 맞긴 할까, 아무 말도 하지 않는 편이 더 나은 게 아닐까. 머리 어지럽게 생각을 하다 보면 어느새 말할 수 있는 타이밍은 지나가버린다. 얼마 전에도 그럴 뻔했다.

○○기관이 개최하는 ○○워크숍에 참여하게 된 나는 주최 측으로부터 참가신청서 작성을 요청받았다. 메일에 첨부

된 참가신청서에는 "이 신청서는 모든 참가자 및 발표자에게 공개된다"고 공지되어 있었다. 그리고 그 참가신청서에는 본인의 이름 및 경력, 관심 분야을 비롯하여 나이와 최종학력, 그리고 자택 주소를 쓰도록 되어 있었다. 나이, 최종학력, 자택 주소란을 제외한 나머지 칸을 모두 채운 후 채우지 못한 공란을 멍하니 쳐다보았다. 어떻게 해야 하나. 나이와 최종학력, 그리고 주소를 모든 참가자들과 공유하는 것이 그 워크숍에서 필요한 일인가를 이리저리 따져보았다. 아무리 생각해보아도 필요한 이유가 떠오르질 않는다.

그럼 어쩌지? 가능한 세 가지 방법을 떠올려본다. 첫째, 모른 척 그냥 채워서 보낸다. 둘째, 공란으로 보낸다. 셋째, 공란으로 보내되 이유를 설명한다. 첫 번째를 택하는 게 가장 맘은 편할 것 같지만, 양심이 용납하기 조금 어렵다. 두 번째를 택하면, 왠지 다시 채우라는 답메일이 올 것 같다. 세 번째를 택하자니 행사에 참여하기도 전에 사소한 일에 곤두세우는 사람처럼 보일 것 같아 걱정이다. 잠시 고민. 그래, 어쩌랴…… "기꺼이 불편해지기" 캠페인도 하는 마당에 불편해져야지. 나이와 최종학력은 공란, 그리고 자택 주소란은 채웠다. 나이와 최종학력은 서로가 알아야 할 이유가 없을 뿐만 아니라 이 칸을 채우는 것은 나에게 불편함을 준다는 설명과 자택 주소란은 주최 측 담당 직원에게는 필요할 수 있으므로 기재하기는 하나 그 용도로만 쓰기 바란다는 설명을 덧붙였다.

밤에 고심 끝에 답메일을 보내고 출근해 메일함을 열었더니 벌써 답장이 와 있다. "신청서를 작성하신 분 중에 나이와 최종학력, 자택 주소 기재와 공유가 불편하다는 의견이 있어 수정한다. 신청서 중 나이, 학력, 자택 주소는 내부 자료로만 사용하겠으며, 물론 이 세 가지의 기재 자체가 꺼려지시는 분은 안 해도 무방하다, 경력과 관심 분야 등만 공유하겠다. 바로 수정을 취할 수 있도록 피드백을 주신 참석자분께 정말 감사드린다."

사실 의외였다. 나의 의견을 충분히 마음으로 받아들인 것 같은 답변도, 빠른 수정도 낯설었다. 일반적, 관성적, 관습적으로 행위하고 있는 것들이 다른 위치와 맥락에 서 있는 누군가에게는 차별받는다는 느낌을, 소외감을, 열외감을, 혹은 불쾌감을 느끼게 할 수 있다는 것을 받아들이고 자신의 잘못 혹은 실수를 빨리 인정하고 전면적으로 수정하는 것. 누구나 할 수 있는 잘못이고 실수이지만 의외로 그것을 인정하는 것은 쉽지 않다. 세련된 화법이 이런 결과를 불렀나? 흐뭇한 결과에 은근슬쩍 나의 공을 들이밀어보지만, 그래도 이건 역시 의외다.

의도적이진 않았지만 당황스러운 차별의 경험으로 끝날 수 있었던 일이 상대방의 예상치 못한 반응만으로 다른 사건으로, 다른 의미로 구성되어버렸다. 빠른 행위 수정은 네 문제제기가 감사하다는 말이 '상투'가 아닌 진심임을 느끼게 했고 나에게 따뜻한 울림 같은 것을 주었다. 아, 불편하면 말하면 되는 거였구나. 이렇게 자연스럽게 이해될 수도 있는 거고 받아들여질 수도 있는 거였구나. 어떻게 보면 너무나도 당연한 일이 이렇게 많은 여운을 줄 수도 있는 것이었다.

그런데 나도 웃긴다. 난 의견을 이야기했지만 그다지 소통을 기대했던 것은 아니었구나. 페미니즘은 소통의 정치학이건만, 가끔 나는 협상이나 소통보다는 대립하기, 그리고 타자화하기를 더 익숙하게 여기는 것은 아니었을까? 물론 내 까칠한 성격 문제를 페미니즘에다 뒤집어씌우는 것은 아니다. 그래도 나를 이만큼 사람 만든 것은 페미니즘이겠거니. 주제파악은 한다.

소통은 가능하다는 희망, 그리고 소통으로 내가 한 뼘 더

성장하고 풍성해질 수 있다는 믿음. 뻔한 듯하지만 곧잘 잊어버리는 이야기이다. ∽ 박봉

○

하늘로 가는 길에도 남녀가 따로 있더라*
여성장을 치르며

처음이었다. 장례식에 손님이 되어 가보긴 여러 번이나 장례 절차를 진행해야 하는 당사자가 되어보긴 난생 처음이었다. 슬퍼할 새도 없이, 머리가 텅 빈 채 차질 없이 명숙 언니의 장례가 치러지도록 동료들과 나는 병원에서 필요한 절차를 밟았다. 빈소를 정하는 것부터 시작하여 빈소의 꽃을 주문하고, 영정사진 꽃, 음식, 관, 수의, 장의차, 장의차 꽃에 이르기까지 생각보다 결정해야 할 것이 많았다.

* 이 글은 한국여성민우회 최명숙 전 대표의 장례를 치른 활동가의 경험을 담았다.

이 결정의 과정에 의외로 성별이 끼어들었다.

언니는 화장을 했다. 화장을 해도 관은 매장을 할 때와 같은 크기의 관이 쓰인다. 장례 물품 방에 가니 관이 여러 개가 전시되어 있고, 그중 화장용 관은 두 개가 있었다. 이 두 개는 무엇이 다르냐고 물으니 하나는 여성용, 하나는 남성용이란다. 으잉? 관에도 성별이? 세상은 참…… 내가 모르는 사이에 많은 것을 구분해놓았다. 그러면서 붙이는 설명이 남성용은 관의 네 모서리에 사각의 기둥을 덧붙여 단단해 보이는 느낌이 나게 하고, 여성용 관은 관의 네 모서리를 기둥의 덧댐 없이 나무끼리 부드럽게 연결했다는 것이다. "그 외의 차이는 없냐?"고 물었더니, 없단다. 우린 각 잡혀 있는 관으로 골랐다.

이런 의미 없는 성별구분은 장의차를 고를 때도 맞닥뜨려졌다. 장의 차량의 선두는 캐딜락으로 운구를 하고 뒤에 버스가 따르기로 했다. 계약하러 오신 분이 안내 파일을 꺼내시더니 흰색 캐딜락과 까만색 캐딜락이 있는데, 고인이 여자분이라서 흰색 캐딜락을 빼놨다고 하신다. 하지만 장의차 하면 '까만 캐딜락'이 아니던가. 드라마나 뉴스에서 멋있게 보이던 그 까만 차. 우린 그 차에 언닐 태우고 싶은데…… 언니는 여자였네…… 우리는 까만색이 '가오'가 사니 까만색으로 다시 주문해달라고 요청했으나 이미 주문을 넣어놓아 어렵다는 기색이었다.

이미 우리가 이것저것 태클을 건 다음인지라 여성단체 사람들 무지 '까다롭네'라는 인상을 주지 않기 위해(이런 것까지 이미지 관리를 하고 다녀야 하는 우리들…… 아……), "뭘 장례 운구차까지 남녀를 따져 색깔을 달리하느냐"며 은근히 투덜거린 후 그냥 흰색 캐딜락으로 양보했다.

장례 물품 방에 앉아 수의에, 장갑에, 이렇게 하나씩 챙기다가 장례사가 완장 이야기를 한다. 조문객을 맞는 사람들 중 남자들이 하는 완장이 있는데 몇 개나 필요하냐는 거였다. 상주는 이미 모두 여성. 장례위원회와 민우회, 그리고 유족대표는 명숙 언니의 언니인 길용 언니. (장례식장 입구 현황판의 '최명숙' 빈소 안내에는 상주가 최길용, 권미혁이라고 적혀 있었다. '최길용'이라는 이름 때문에 남동생이나 남자 조카인 줄 알고 민우회가 '상주=남성'이라는 장례 문화를 꺾진 못했구나 하고 생각했다며 나에게 말씀을 건네시는 분들도 간혹 계셨다. 유가족 대표로 상주는 명숙 언니의 투병기간 동안 옆을 지켜온 길용 언니가 맡는 것에 대해 부모님도 남동생들도 흔쾌히 동의, 아니 직접 추천해주셨다.) 물론 조문객을 맞는 남동생이나 남조카가 없었던 것은 아니었다. 우리가 잠시 남녀 모두 차겠다고 할까, 아니면 실질 상주인 여성들이 차겠다고 할까 고민하는 중에 길용 언니, 산뜻하게 답변하신다. "완장, 이런 거 안 차면 안 될까요? 번거롭고 가족 손님은 가족들이 다 아니까 굳이 완장으로 구별할 필요도 없고, 괜히 격식 같아요. 우리 그냥 다 안 찰래요." 나이스~. 그래, 이렇게 또 언니의 지혜로운 대응으로 스트레스를 벗어나는구나.

관례대로 안 하길 참 잘했다는 생각이 가장 많이 든 것은 바로 운구였다. 명숙 언니의 관은 6명의 후배 활동가가 운구했다. 모두 여성들이다. 처음에 관을 정할 때 병원 측에서 운구할 남자 6명이 필요하니 정해놓으라 했다. 우리는 관이 매우 무거울 것이라 생각해 감히 우리가 들겠다는 말을 하지 못했다. 평상시 우리 힘으로 보아 들지 못할 바는 아니나 혹여 우리 예상을 벗어난 무게여서 옮기다 떨어뜨리기라도 하면 언니 가는 길이 편해지지 못할까 싶었다. 그런데 해결은 이상한 곳에서 시작되었다. 유가족 측에 여쭸더니 남자 6명을 채우기 어렵다고 하면서 오히려 괜찮으니 우리 측에서 알아봐주면 좋겠다고 했다. 어떡하나 궁리하는 와중에 흰색 캐딜락을 미리 빼놔 미안해하던 아저씨, 우리의 이야길 엿들으시고는 "직접 하세요"라고 말하신다. 안 무겁냐고 물었더니 화장용 관은 매장용 관과 달리 가벼워 여자 6명이서 충분히 들고도 남는단다. 불안하면 8명이 들으란다. 애초 6명으로 정해져 있는 것도 아니었던 것이다. 우리는 얼마나 고정관념에서 벗어나지 못했는가. 어떤 행사든 온갖 짐을 우리 힘으로 다 날랐던 평상시 실력으로 보았을 때 사실 들지 못할 이유가 없다. 여자들은 힘이 없어 못 드는 게 아니라, 못 들게 되어 있어 안 드는 것이고, 그것에 그다지 대적할 이유도 필요도 못 느껴왔을 뿐이다. 결국 운구는 언니와 오랫동안 함께했던 민우회 후배 활동가 5명과 여성연합의 활동가 1명, 이렇게 6명이 함께했다.

자그마한 소품에서부터 상주라는 상징에 이르기까지 자연스러운 듯 묻어나던 남성 중심의 장례 문화이지만, 겪어본 바에 의하면 장례를 치르는 당사자들이 다르게 하겠다고 하면 되는 것이었다. 물론 우리는 가족들의 전폭적인 동의와 지지가 있었던 상황, '여성장'이라는 명명 때문에 과정이 훨씬 수월하긴 했지만 말이다.

언니는 하늘로 가는 마지막 길에서조차 여성운동을 하고 간 듯하다. 언니, 우리 잘했지? ∽ 박봉

그냥 이렇게
살아 있는 그대로

친구가 준 꽃다발이 무척 예뻤다. 꽃다발 속을 장식하던 길쭉한 녹색 식물을 벽에 거꾸로 붙여놓아 말리기로 했다. 그렇게 잘 말라서, 이따금 친구의 정을 떠올리게 해주고 보기에 예쁘면 그만일 것이었다. 그런데 어느 날 보니 놀랍게도 벽에 붙여둔 식물이 자라나고 있었다. 그것도 중력을 거슬러서, 끝부분이 180도 구부러져 위로 올라가고 있었다. 뿌리도 물도 없이 성장을 지속하는 이 식물의 생명력에 경탄하면서도, 나는 당황했고 약간 무서웠다. 사실 무서움 이상의 불쾌감을 느꼈다. 실망감 그리고 징그러움. 왜일까. 나의 기대와 예상에서 벗어난 상황이었고, 보통 식물이 보여주는 익숙한 모습이 아니라, 괴상한 각도로 마구 구부러진 기괴한 모양새였기 때문일 것이다. 이걸 어찌할지를 두고 잠시 고민했다. 거꾸로 매달아 괴롭히는 것 같아 그대로 두기도 뭐했다.

이 괴상한 풀떼기(?)를 손에 들고 앉아 있자니 느닷없이 진지한 생각이 꼬리를 물었다. '나는 이 식물이 내 마음속에 갖고 있던 예쁜 그림 그대로 얌전히 '죽어' 있어주길 바란 것이었어'라는 생각. 그렇다고 '난 정말 옳지 않군! 반성해야겠어!'라고 엄한 자아비판을 한 것은 아니다. 꽃 좀 말리겠다는 게 뭐. 그럴 수도 있지. 다만 '죽어 있지 않은' 식물을 인식한 순간의 내 마음이 여태껏 살면서 종종 목격했던 어떤 편협함을 연상시킨다는 생각이 들었다. 자신이 가진 세상에 대한 그림 바깥에 있어서 낯선 존재, 예상을 비껴가 나의 세상을 혼란스럽게 하는 존재에 대한 혐오와 외면을. 그런 편협함이란 사람의 마음속 깊은 곳에 가라앉아 있어 어떤 계기를 통해 수면으로 올라오지 않는 이상 스스로 인지하기조차 힘들다.

이를테면 이런 때. 어떤 사람의 팔꿈치 아래로 있을 것이라 예상했던 팔 아랫부분이 텅 빈 공간임을, 그 팔꿈치의 뭉툭한 단면을 인식할 때. 만약 마음속에 그런 사람에 대해

'(안쓰러운) 장애인'이라는 익숙한 자리가 마련되어 있다면, 그 사람이 상당히 표독스러운 성격임을 알았을 때. '심지어' 그 사람이 레즈비언이라는 것을 알게 되었을 때. 또는 손톱과 발톱에 빨간 매니큐어를 곱게 바른 사람의 얼굴을 보니 수염자국이 역력한 남자의 모습일 때. 법정에서 눈물을 흘리던 성폭력 피해자가 길거리에서 담배 피우며 친구와 욕을 하고 장난치는 모습을 봤을 때—많은 사람들은 자기 마음속에 그려진 낯익은 세계를 어그러뜨리고 혼란을 가져오는 대상에 대해 불편함이나 불쾌감을 느낀다. 그리고 애써 외면하거나, 때론 더 쉽게 비난하거나, 자기가 해석하기 편한 쪽으로 (이해 가능한 이유를 붙여) 단정한다.

나는 사실 그 살아 있는 식물 자체에 대해서는 관심이 없었다. 그저 갈빛으로 바싹 말라 박제된 추억이자 풍경의 일부가 되어주면 되었다. 그런 거랑 좀 비슷한 것이 아닐까. 아무리 장애인 차별 철폐나 성소수자의 인권을 지지하고 성폭력 피해자의 경험에 분노하고 공감한다 한들, 자기 마음속 그림과 어긋나는 그들의 면면들을 보려하지 않거나 내심 혐오한다면, 실은 '살아 있는 그들' 자체에 대한 관심은 없는 것일 수도 있겠다. 그저 내가 생각하는 '좋은 사회', '차이를 차별하지 않고 착한 사람이 괴롭지 않은 사회'를 바라는 것일 뿐. 내가 받아들일 수 있는 차이, 내가 착하다고 생각하는 사람. 그 '올바른' 사회에서 '괴팍하고 못난' 것은 너무도 쉽게 '없거나 나쁜' 게 되는 건 아닐까.

누구나 마음에 세상과 인간에 대한 자기만의 그림을 가지고 있다. 그리고 그건 당연히 실제의 복잡한 현실과 딱 맞을 수 없다. 모두가 각자 제한적인 한 개의 삶만 살 수 있을 뿐이니까. 애당초 자기만의 그림을 없애는 것은 불가능하다. 하지만 그저 모든 사람이 그게 '나만의 그림'임을 마음속 깊이 인정했으면 좋겠다. 그래서 낯선 것에 대면했을 때 멈칫 놀랄지언정 곧 겸허하고 조금 기쁜 마음으로 그림을 고쳐나갈 수 있게. 세상은 결국 나의 세계관 바깥에 따로 존재한다. 현실 속의 '타인'들은 자신만의 연속된 삶 속에서 나름의 모습으로 살아 움직이고 있다. 내 가치관대로 그들의 삶을 재단하려는 것은 그들이 그림 속에서 그냥 그대로 '죽어' 있기만을 바라는 것과 마찬가지이다. 타인의 삶을 있는 그대로 존중하는 감수성을 벼리지 않는다면, 아무리 '선량하고 합리적인' 사람이라도 자기도 모르게 누군가의 존재를 부정해버리기 쉬울 것이다. 실제로 진보적인 여러 정체성/인권 운동 안에서도 다른 소수자로서의 삶을 외면하거나 배척했던 역사가 반복되어왔다. 나는 그런 현실을 마주하는 게 《조선일

보》 사설에서 나의 존재를 부정당하는 것보다 백 배는 더 슬프고 아프더라.

그래서 그 이상한 식물은 어떻게 되었냐고? 지금은 내 방 창가의 물컵 속, 물에 담긴 줄기 단면에서 뿌리까지 내렸다. 여전히 '제멋대로' 자라나고 있다. 실망스럽게도(?) 이젠 제법 평범한 비주얼이 되었다. 기묘한 식물의 힘찬 '살아 있음'을 응원하며, 수많은 사람들이 괴상할 것도 훌륭할 것도 없이 '제멋대로' 행복하게 살아가는 세상을 상상해본다. 이상하고 아름다운 세상. ∽ 제이

페미니스트 & 고수가 알려주는 싸움의 꿀팁

성격, 장르, 공간에 따라서 각자가 잘하는 싸움이 있다. 꼰대 할아버지와 잘 싸우는 사람이 있는가 하면 진보 남성과 대적이 쉬운 사람이 있고 지하철 쩍벌남을 압박하는 데 내공이 있는 이도 있다. 약자이고 여성이기 때문에 겪는 상황에서 어떻게 다치지 않고 문제를 타개할 것인가. 6명의 페미니스트들이 다년간 쌓아올린 싸움의 경험을 되짚어 풀어놓은 그녀들의 노하우와 꿀팁을 확인해보자.

\ 회심의 한마디 찾기

"보기와 달리 겁이 많고 소심해서 싸움을 잘 못해요"라고 주장하지만 주변 사람들은 그다지 동의하지 않는 듯합니다. 분노는 많지만 겁이 많으니 화를 내기보다 주로 웃으며 느물거리거나 회심의 한마디를 찾는 편입니다. 15년 전 즈음엔 "결혼하셨어요?"라는 질문을 많이 들었고 몇 년 전부턴 바로 "아이는 몇 학년이에요?"라는 질문이 절차 없이 훅 들어올 때가 있습니다. 이런 예의 없는 태도를 가진 사람들에게 내 삶의 진실을 구구절절 알려줄 필요는 없다는 생각이 들어 이런 답변들을 합니다. "결혼하셨어요?"에는 "왜요오오?(콧소리) 저한테 관심 있으세요? 홍홍홍 저도 선생님 괜찮은 거 같긴 한데", 혹은 "(곤란한 표정으로)네……갔다가 왔습니다." 이러면 대체로 다음 질문으로 이어지지 않고 당황하며 호구조사를 끝내는 경우가 많습니다. 아이가 몇 살이냐는 질문에는 처음엔 "(좀 슬퍼 보이는 얼굴로) 글쎄요…… 살아 있으면 열다섯 살쯤 됐겠네요"라고 한두 번 했는데 작년부터는 생각나는 사건이 생겨서 바꾸려고 합니다. "아이를 참 갖고 싶었는데 잘 안 생겨서요……" 특별히 거짓말은 아닙니다만. 연기자가 되고 싶다는 꿈을 일상에서 풀어보는 것으로 연극적 자아를 끄집어내곤 하는데요. 좀 더 자연스런 연기를 위해 연습에 매진해야겠습니다. ∽ 박봉

\ 그들의 공격에 수치심 느끼지 않기

평소 행색 덕분에 남성들과 시비가 자주 붙는 편이에요. 그때마다 "너는 남자냐, 여자냐?" 하고 시비를 거는 것은 아마 그네들이 여자에게 갖는 알량한 통념 때문일 것입니다. 그런 질문이 저에게 수치심을 주리라는 이상한 생각 때문이기도 하겠지요. (이 와중에도 성별 이분법이 어찌나 강한지요. 허나 수치심을 느끼지 않는 자에게 타격을 줄 순 없지!) 어쨌거나 '여성'으로 교육받고 자랐다면 여기에 잘 대처할 수 있는 훈련과 경험이 부족할 수 있어요. 그러다 보니 막무가내로 들이대는 진상들에게 몸이 움츠러들고 굳는 것이 사실이고요. 그러나! 겁먹지 않아도 됩니다. 그걸 기억하세요. 저들에게 우리 또한 완전한 타인이란 사실이요. 네가 모르는 모양인데, 나도 보통 진상은 아니란 것을 보여주면 됩니다! 진상들의 "너, 밖으로 나와!" 하는 말, 이미 이 자리에서 당신에게 직접적인 폭력을 가하지는 않을 것이란 뜻이기도 해요. 바로 그 자리에서 대응해 싸움을 끝내고, 안전한 곳으로 신속하게 이동하세요. 이런 시비에서 무엇보다도 마음 상하는 것은 나중에 즉시 대응하지 못했던 자신을 자책하게 되기 때문이니까요. 그들의 공격에 수치심 느끼지 않기! 그리고 망설이지 않고 반격하기! 진상퇴치법의 제1원칙을 잊지 맙시다. ∽ 정

\ 순진한 척 질문을 반복하기

남초회사에서 9년을 버티고 있는 제가 써먹는 진상남자 대처법 꿀팁을 알려드릴게요. 맘 같아서는 멱살 잡고 싸우고 싶습니다만 같이 일해야 하고 특히나 대부분 상사인 그들에게 맘 가는대로 할 수 없는 게 현실입니다.

〈상황1〉 지나치게 순진한 척하며 질문을 반복하여 민망하게 합니다. 대부분 회식은 나만 여자이기 때문에 편 들어줄 사람 없는 회식자리에서 식당노동자를 희롱했던 상사 A. "(식당노동자를 가리키며) 나 오늘 저 여자랑 같이 나갈 거라니까!" 다들 상상이 안 가겠지만 이런 미친 소리를 합니다. 그럴 때는 "저분에게 그런 무례한 소리를 하는 것은 저와 저분을 희롱하는 것입니다"라고 말해도 못 알아듣기 때문에 아무것도 모르는 어린아이처럼 질문을 합니다. "네? 어딜 나가요? 밖에를 나간다고요? 왜요?! 앗, 무슨 뜻이지? 나만 모르는 거예요? (옆 사람에게 묻듯이) 저분하고 왜 나가요? 난 무슨 말인지 모르겠다!" 이 정도하면 오히려 상대방이 민망해서 나에게 제발 그만하라는 신호를 보내더군요.

〈상황2〉 진지하게 그 사람을 생각해주는 척하며 티 안 나게 조언합니다. 남직원 왈 "아, 진짜 여자들은 왜 만나면 가방 사달라고 하는지 몰라요. 여자들은 내 돈도 자기 돈, 자기 돈은 자기 돈이야." 사실 여자가 가방 사달라고 한 것도 모호하고 사줬다면 "니가 사주고 싶어서 사준 거잖아요!"라고 쏘아 붙이고 싶지만 역시나 관계를 유지해야 하기에 심각하게 그 사람을 생각하는 것처럼 말합니다. "아…… 어떡해…… 여자는 사랑하면 남자 돈도 아까워하는 법인데 그쪽을 사랑하지 않나봐요. 그리고 연애가 재미가 없나봐요. 힘내요……" 이 정도 말하면 말한 스스로 여자 맘에 들려고 명품백 뜯기

는 찐따가 되어 있더라고요. ∽ 여울

\ 눈을 부라리고 맹공을 퍼붓기

대학 때 특히 사회과학 전공 남성들, 자신은 변혁의 주체이며 약자들을 보호한다고 착각하는 몇몇 진보 남성들을 대처하는 저의 팁을 말씀드리자면요. 사회학 수업을 같이 듣는 모 남자 학우와 식사를 하던 와중 "남자들이 보통 그렇게 생각하잖아. 여자는 산이래(자기 생각이라고 안 하는 비겁함). 정복해야 한다고 느끼잖아." 계급 이야기를 할 때는 세상 어디에도 없는 급진성을 발휘하다가 여자는 산이라는 둥 페미니즘 '페'자도 이해 못하는 그 저열한 감수성을 마주 보고 있을 때면 지적 허세를 어떻게든 눌러버리고 싶은 욕망이 들끓는데요. 방법은 하나밖에 없습니다. 눈을 부라리고 맹공을 퍼붓는 것. "당신이 그토록 추앙하는 맑스도 가부장적인 사고는 치명적인 약점이고요. 그나저나 당신보단 맑스가 훌륭한 사람일 텐데 동일시 할 시간에 여친이 말하는 것 십분의 일이라도 이해할 수 있도록 감수성을 고양시켜보면 어떨까?" 느껴야 할 수치심이라면 빨리 깨닫는 게 그분에게도 도움이 될 터. 그 남자 선배는 10년이 지난 지금도 그때 제 말에 부들부들 상처받은 영혼으로 술만 마시면 저때의 대화를 소환시킵니다. 결혼식 얼마 안 남은 그가, 맑시즘 그토록 사랑했던 그가 가사노동 분담이나 제대로 할 수 있기를 살짝 기원해봅니다. ∽ 꼬깜

\ 상대의 말을 사소하게 만들기

자고로 싸움은 장기전이며 먼저 지치지 않는 것이 중요하다고 믿는데요. 때문에 순간의 분노에 몰입하지 않습니다. 싸워야 하는 상대를 만났을 때 분노하는 모습을 상대에게 보여주지 않는데요(실제

로 분노하지 않기도 합니다). 요란하게 돌진하는 상대를 무심히 쳐다보며 '너의 다음 수를 알고 있으니 여기서 그만둬라'라는 눈빛과 태도로 상대를 주눅 들게 합니다. 장기전에서 중요한 것은 싸움의 흐름을 놓치지 않는 감각과 상대의 행동과 말을 사소하게 만들어 스스로를 창피하게 느끼게 하는 기술입니다. 쉽게 터득되는 것이 아니며 상황마다 매우 다양한 대응법이 필요하기에 틈틈이 자신만의 특기를 계발해야 하는데요. 단점으로는 실제로 분노가 필요하다고 판단되는 순간에도 분노 게이지가 상승하지 않을 수 있어요. 이때는 즉각적으로 분노를 표출할 수 있는 사람과 팀을 이뤄야 합니다. ∽ 너굴

\ 일단, 싸움을 해보기

싸움을 잘하는 법은, 일단 싸움을 해보는 것이라고 생각합니다. 그러려면 '화내는 여자 되기'를 두려워하는 내 마음에 먼저 말을 걸어야 합니다. 참다 참다 화냈는데 목소리 삑사리 나기, 지나치게 화낸 나머지 뻘쭘하기, 손은 삿대질해도 다리는 후덜덜 하기, 돌아선 뒤 걷는 척하지만 사실 뛰면서 자리 피하기 등을 거치며 스스로와 주옥같은 대화를 나눌 수 있습니다. 그 과정에서 '분노를 적절히 표현하는 근육'이라는 것이 자리를 잡으면, 노하우는 자기 스타일에 맞게 저절로 쌓일 것입니다. 사실 싸우는 게 뭐 좋다고 연습까지 하나 싶기도 하죠. 하지만 화나도 싸우지 못하는 상태와, 싸울지 말지, 어떻게 싸울지를 스스로 선택할 수 있는 상태는 다르겠지요. ∽ 부추

페미니스트로 살아가기 위해
나는 무엇을 할 것인가
선언문

- 나의 판단을 믿을 것이다.
- 성차별적 발언을 하지 않겠다.
- 직장 내 차별과 폭력에 정색하고 맞서겠다.
- 불쾌하고 폭력적인 여혐발언에 가만히 있지 않겠다.
- 불편한 것을 불편하다고 이야기할 수 있게 연대하고 지지하겠다.
- 불편한 농담에 웃지 않겠다.
- 나의 발언과 행동을 매일 스스로 예리하게 점검하겠다.
- 페미니스트인 나를 사랑하겠다.
- 모났다는 소리를 듣지 않으려고 대충 맞추면서 살지 않겠다.
- 말과 글로써 실천하겠다.
- 내가 옳다고 여기는 가치에 대해 당당히 이야기하겠다.
- 부부평등을 위해 최대한 많이 남편에게 투쟁하겠다.
- 더욱 적극적으로 정색하고 싸우겠다.
- 독립된 여성의 모습을 만들기에 힘을 모으겠다.

· 남자는, 여자는,이라는 말을 쓰지 않겠다.

· 학생들에게 평등한 성의식을 가르치고 인권감수성을 올릴 수 있도록 노력하겠다.

· 평등한 연애관계를 만들도록 하겠다.

· 페미니즘이 선택이 아닌 필수인 세상을 만들겠다.

· 아들들이 스스로 밥 차려먹는 것을 당연히 여기도록 노력하겠다.

· 공감하고 생각하고 행동하겠다.

· 썅년이 되는 것을 두려워하지 않겠다.

· 페미니즘 공부를 성실하게 하겠다.

· 주변 남성들에게 페미니즘을 적극 전파하겠다.

· 기꺼이 불편해지기를 멈추지 않겠다.

· 차별과 혐오에 맞서 싸울 지식을 쌓고 전투력을 기르겠다.

· 당당하게 내가 여성주의자라고 세상에 말하겠다.

· 페미니즘의 언어를 고민하고 만들고 사용하겠다.

· 내가 어떤 사람이 되고 싶은지, 어떤 사회에서 살고 싶은지, 누구와 함께하고 싶은지, 어떻게 살아가고 싶은지를 끊임없이 고민하고 그를 위해 싸워나가겠다.

· 고민과 실천을 안겨주는 여성단체에 안정적인 후원과 연대를 지속할 수 있는 사람이 되겠다.

· 처음처럼 열심히 화낼 것이다.

- 더 많이 말할 것이다.
- 마이웨이 할 것이다.
- 지금의 소란을 즐길 것이다.
- 변화의 가능성을 믿을 것이다.
- 끊임없이 스스로에게, 세상에게 질문을 던질 것이다.
- 내 몸을 건강하게 만들 것이다.
- 역사 속 여성에 관심을 갖고 기억하고 잊지 않을 것이다.
- 페미니스트 동료들을 계속 만날 것이다.

온갖 무례와 오지랖을 뒤로하고 페미니스트로 살아가기

1판 1쇄 펴냄 2017년 9월 18일
1판 2쇄 펴냄 2017년 11월 15일

엮은이 한국여성민우회

주간 김현숙 | **편집** 변효현, 김주희
디자인 이현정, 전미혜
영업 백국현, 도진호 | **관리** 김옥연

펴낸곳 궁리출판 | **펴낸이** 이갑수

등록 1999년 3월 29일 제300-2004-162호
주소 10881 경기도 파주시 회동길 325-12
전화 031-955-9818 | **팩스** 031-955-9848
홈페이지 www.kungree.com
전자우편 kungree@kungree.com
페이스북 /kungreepress | **트위터** @kungreepress

ISBN 978-89-5820-473-2 03300

값 14,000원
